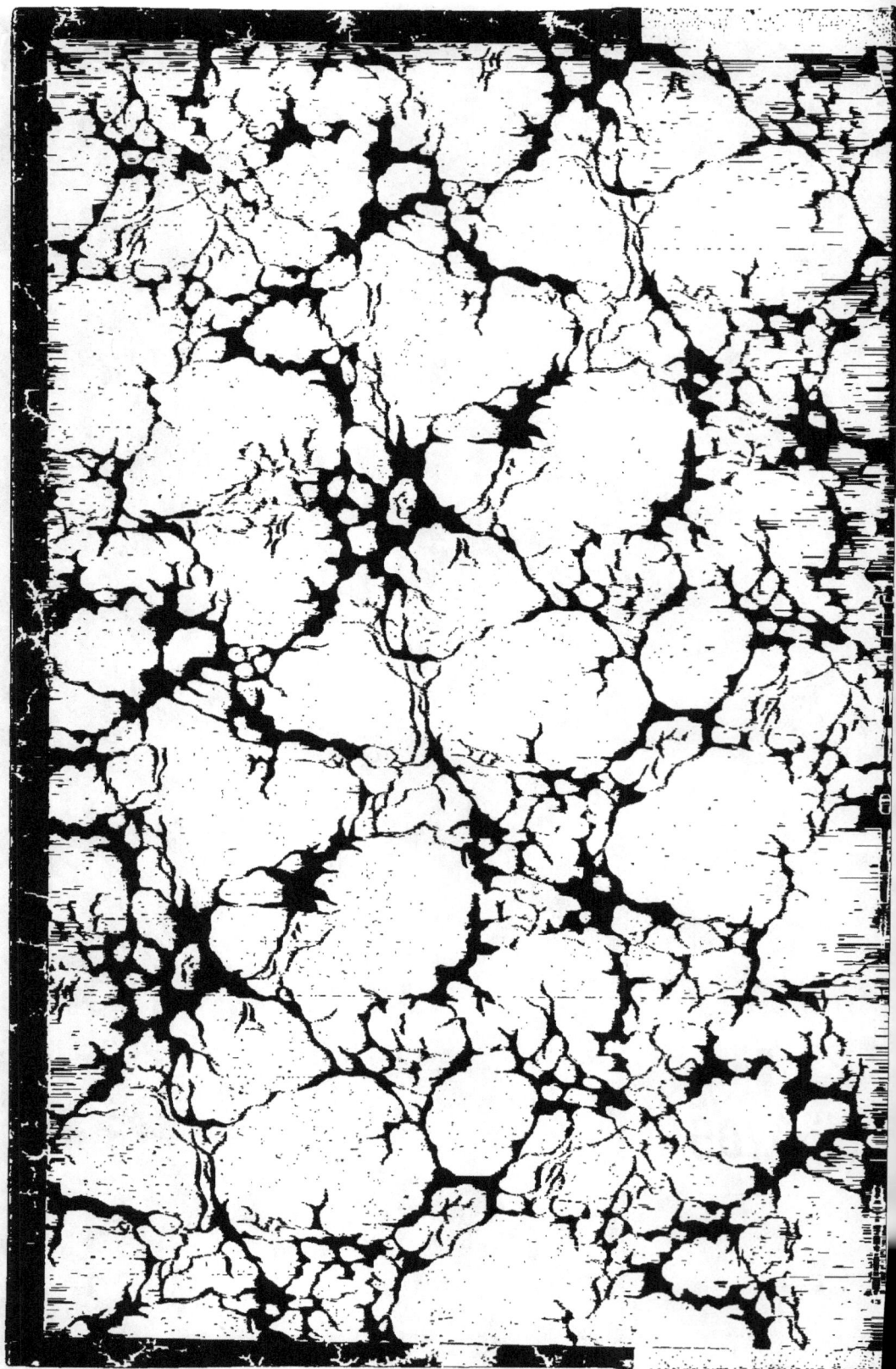

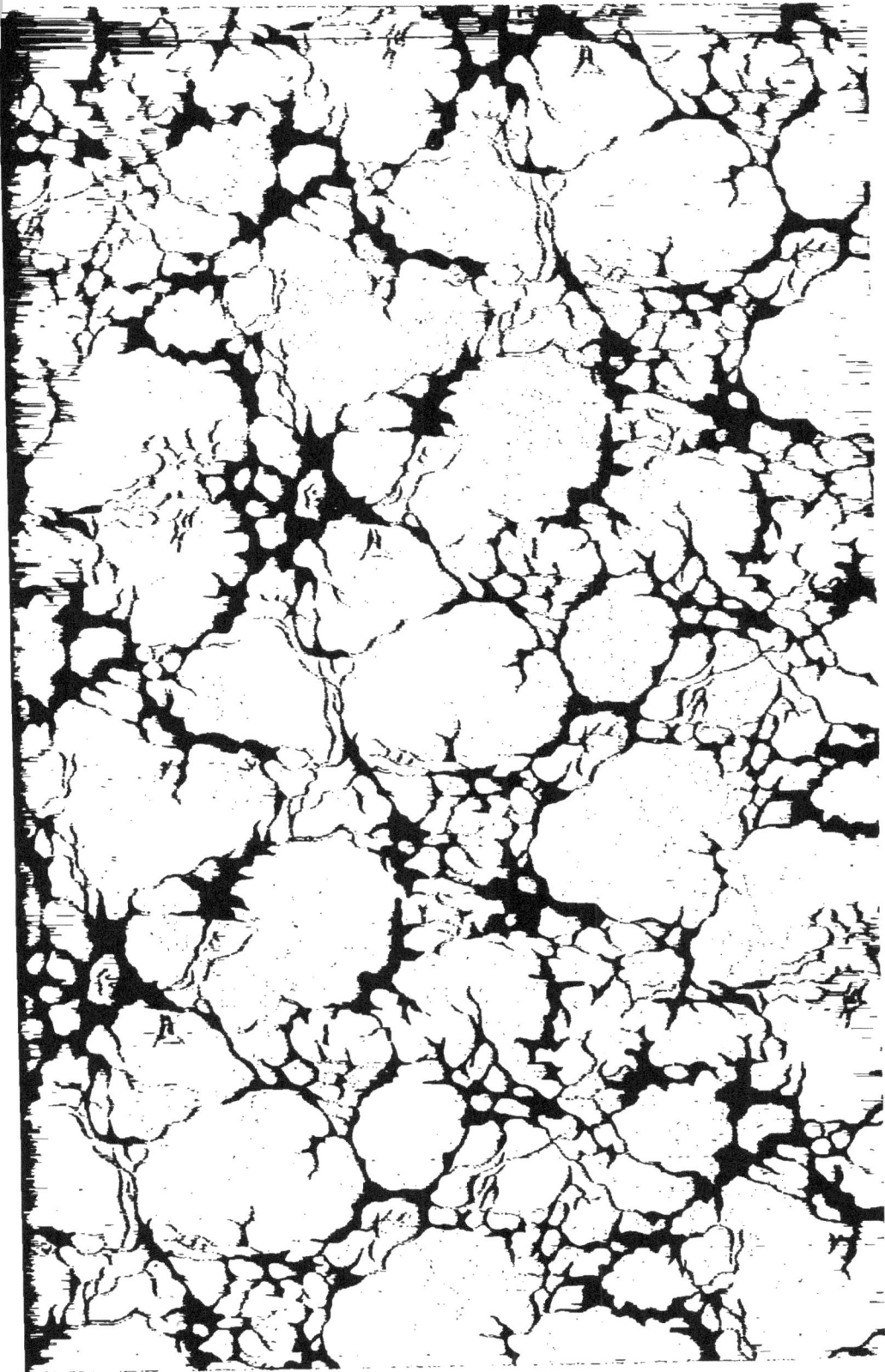

1

ISABELLE ANGÉLIQUE

DE MONTMORENCY

DUCHESSE DE CHATILLON

PAR

M. E. FILLEUL

PARIS

LIBRAIRIE DE FIRMIN-DIDOT ET Cⁱᵉ

IMPRIMEURS DE L'INSTITUT, RUE JACOB, 56

1878

ISABELLE ANGÉLIQUE

DE MONTMORENCY

DUCHESSE DE CHATILLON

Typographie Firmin-Didot. — Mesnil (Eure).

ISABELLE ANGÉLIQUE

DE MONTMORENCY

DUCHESSE DE CHATILLON

PAR

M. E. FILLEUL

PARIS

LIBRAIRIE DE FIRMIN-DIDOT ET Cᴵᴱ

IMPRIMEURS DE L'INSTITUT, RUE JACOB, 56

1878

LA DUCHESSE

DE CHATILLON

Parmi les dames qui se rendirent célèbres
au temps de la fronde, Mme de Châtillon fut
certainement, si l'on excepte la duchesse de
Longueville, celle dont il fut le plus parlé
pour sa beauté, son esprit, son influence sur
les héros du moment. Pourtant, moins heureuse que sa rivale, elle n'a pas eu d'historien. L'histoire, pour elle, c'est un roman li-
cencieux, bon tout au plus à amuser les pages
du roi Louis XIV : le venimeux et trop connu
libelle qui fait partie de l'*Histoire amoureuse
des Gaules*. La plupart des écrivains posté-
rieurs ont formé d'après ce misérable ouvrage
leur opinion sur la belle frondeuse, sans consi-

1

dérer que Bussy lui-même avoue dans sa préface avoir seulement prétendu faire un roman (1) et qu'il est d'ailleurs contredit presque à chaque page par les mémoires que nous ont laissés des personnages bien plus dignes de foi.

(1) L'indignation soulevée, à sa première apparition, par *l'Histoire amoureuse des Gaules*, porta Bussy à prétendre, dans la préface des éditions suivantes, qu'il n'avait voulu faire qu'un roman destiné à amuser une dame, Mme de Montglat, et qui n'aurait jamais vu le jour si on ne lui en eût soustrait une copie. Ce nom de roman ne convient pas à l'histoire de Mme de Châtillon, non plus, d'ailleurs, qu'au reste du livre. C'est un pamphlet odieux, élaboré avec soin, dans lequel toutes les circonstances de la vie de la duchesse sont travesties avec une perfidie qui dénote beaucoup de haine et un grand désir de vengeance. Si les documents que nous possédons ne nous en montrent pas exactement la source, on peut deviner aisément dans quelle direction il faut la chercher. Bussy avait d'abord été du parti des princes; il devait alors voir souvent Mme de Châtillon, si intimement liée en ce temps-là avec Mme de Sévigné, sa cousine germaine, que ces deux dames se *traitaient de sœurs*. Il nous apprend même, dans ses mémoires, qu'il avait fait plusieurs séjours à Châtillon pendant que la princesse douairière y était retirée. Lorsqu'il abandonna les princes pour accepter les avantages que lui offrait la cour, Condé fut outré; nécessairement Mme de Châtillon pensa comme lui, et il est bien probable que la spirituelle duchesse ne s'épargna pas à draper, comme il le méritait, le nouveau mestre de camp général de la cavalerie; peut-être même ne lui pardonna-t-elle pas après la paix et refusa-t-elle de voir ce personnage décrié et haï de tous.

Je ne parle pas ici de l'auteur anonyme
d'un livre du temps bien plus rare : l'*Histoire
véritable de la duchesse de Châtillon*, imprimé
à Cologne, chez P. Marteau. C'est un roman
aussi, quoique conçu dans un tout autre esprit :
pour être très différents, les détails n'en sont
pas moins inventés à plaisir, et les scènes
dans lesquelles la duchesse résiste si glorieu-
sement à une passion la plus belle du monde
n'ont jamais existé que dans l'imagination de
l'auteur, quoiqu'il prétende avoir dans les
mains des mémoires bien supérieurs à ceux
de Bussy. En réalité ils ne sont ni meilleurs
ni pires ; il n'y a même pas eu de mémoires :
les deux écrivains ont connu Mme de Châtillon
et su ce qui se passait autour d'elle ; ils reflè-
tent les dires de ses admirateurs et ceux de
ses ennemis ; on peut les consulter à titre de
renseignements ; mais tous deux ont dénaturé
ce qu'ils savaient, l'un pour en faire un livre
obscène, l'autre un roman de haute et chevale-
resque galanterie.

A vrai dire ni l'un ni l'autre ne saurait
donner une idée tant soit peu exacte de cette
illustre femme, de son caractère, des circons-

tances de sa vie et du rôle qu'elle joua en ce
monde. C'est là ce que nous voudrions faire
en recueillant soigneusement les mille détails
épars dans les récits historiques de l'époque,
auxquels nous joindrons une foule de lettres
de la duchesse elle-même et de ses connais-
sances conservées à la Bibliothèque nationale,
et principalement dans les portefeuilles de
Lenet. Sans doute tous ces témoins ne sont
pas impartiaux, plusieurs sont très malveil-
lants ; mais, en les contrôlant les uns par les
autres, nous ferons facilement la part de la
vanité féminine froissée par les succès d'une
rivale, et du dépit d'ambitieux contrariés dans
leurs visées politiques.

Cette étude sera intéressante en cela que
nous ne saurions suivre Mme de Châtillon se
mouvant au travers des événements de son
temps sans toucher certains détails curieux
de ces événements, et sans voir, dans leur réa-
lisme, bien des choses que la majestueuse
histoire regarde ordinairement de beaucoup
trop haut.

Après la mort du comte de Montmorency-
Boutteville, décapité par ordre de Richelieu

pour s'être battu en duel contre le marquis de
Beuvron, madame de Boutteville se retira dans
ses terres, où elle éleva ses enfants : deux filles
d'une rare beauté, dont l'aînée fut madame de
Châtillon ; la seconde, madame de Valençay,
qui se maria avant sa sœur, et un fils bossu
qui devint le maréchal de Luxembourg. « Je
n'ai point été nourrie à Paris, dit madame de
Châtillon elle-même, j'ai quasi toujours de-
meuré aux champs (1). »

Cette fleur des champs s'accommoda néanmoins fort bien du climat de Paris, où elle fut
transplantée vers 1643. On croira aisément que
ces deux belles personnes, et de la maison dont
elles étaient, furent accueillies avec empressement à la cour, dans toutes les grandes maisons,
et surtout à l'hôtel de Condé. La princesse de
Condé, en effet, était aussi une Montmorency,
et, par conséquent, une parente proche de
Mlles de Boutteville. Ne perdons pas de vue
cette affinité ; elle décida de la voie que suivit
Mme de Châtillon dans tous les troubles, elle

(1) Déposition de Mme de Châtillon dans l'enquête pour la
béatification de la mère Magdelaine de Saint-Joseph, supé-
rieure des Carmélites.

explique toute sa conduite en politique, à laquelle elle n'eût sans cela probablement pris
aucune part. Faire partie de la famille du
premier prince du sang de France, c'est là ce
qui faisait son rang, sa position dans le monde,
et le lustre qui rejaillissait sur elle des grands
noms de Montmorency et de Coligny n'égalait
pas la gloire de cette alliance. Voilà pourquoi
elle ne se sépara jamais de la maison de Condé,
et pourquoi, son intérêt et son affection l'y
poussant également, elle se donna entièrement
à la princesse de Condé, qui, un peu négligée
par Mme de Longueville, vit en elle comme
une autre fille. De là vint la tendre amitié de
Condé pour sa cousine.

Lorsque Mlle de Montmorency entra dans .
cette brillante société elle avait dix-sept ans,
étant née en 1626. C'était l'éclat, la fraîcheur,
la grâce même, et toutes les beautés du jour
se virent, sauf Mlle de Bourbon, éclipsées par
cet astre nouveau. Tous les galants s'empres-
sèrent autour de cette merveille qui avait
autant d'esprit que de beauté. Aussi elle devint
rapidement un des arbitres du goût, dans les
lettres et en tout. L'hôtel de Rambouillet la

classa au nombre des précieuses, alors que le
mot n'était pris qu'en bonne part, et qu'il
n'était pas encore question de précieuses ridi-
cules. Son nom de précieuse fut Camma :
« Camma entre les mains de laquelle l'amour
se défait de toute sa puissance en lui donnant
tout ce qu'il possède (1). » Les poètes n'a-
vaient de vers que pour elle, et Mlle Desjardins,
une muse à la mode, célébrait sa venue en
un poème qu'elle intitulait *le Triomphe d'A-
marillis.*

Voiture lui-même, « l'amour de tous les
beaux esprits, » la chantait sur tous les tons,
et résumait l'opinion générale en ces vers qui
ont besoin de leur musique :

> En grâce, en beauté, en attraits
> Nul n'égalera jamais
>   Landerirette
> La divine Montmorency
>   Landeriri.

Pourtant elle n'était pas un « *bas bleu*, »
elle ni les autres belles dames de ce monde.

---

(1) SOMAISE, *Grand Dictionnaire des précieuses.*

Elles aimaient le beau dans les lettres, dans les arts, dans toutes choses ; elles recherchaient les grands airs de générosité un peu affectée de la chevalerie espagnole, alors à la mode ; mais elles avaient un assez grand mépris pour l'orthographe — ce préjugé moderne. Voici pour exemple comment Mme de Châtillon terminait une lettre : « Sy Mr de Colligny est avecque vous faitte luy mes compliment et à tout seuse de ma connessance. » Des accents, ni de la ponctuation, elle n'a jamais ouï parler, et ses amis écrivaient à peu près comme elle. Quant à la grammaire, chacun avait la sienne qu'il modifiait chaque jour suivant le ton du grand monde, sans se préoccuper d'autre chose que de donner à ses phrases ce qu'on appelait alors un tour cavalier et galant. Peut-être après tout était-ce la bonne manière, et plus d'un grand écrivain lui dut-il, plus qu'on ne croirait, son originalité, et son allure inimitable.

Donnons ici, comme échantillon du style de notre héroïne, son portrait fait par elle-même ; aussi bien en devons-nous un au lecteur, et nous ne saurions le faire aussi joli.

Ces sortes de portraits furent fort à la mode à cette époque et quelques années plus tard. On faisait le portrait des autres ou le sien; Mlle de Montpensier nous en a conservé une collection très intéressante parce que la plus grande sincérité était de rigueur. Le jeu n'eût eu aucun charme, pour les portraits autographes par exemple, si leurs auteurs se fussent crus obligés de faire de la fausse modestie; le piquant étant tout entier dans la différence qui se trouvait entre ce que chacun pensait de lui et ce qu'en pensaient les autres. Tous ces portraits sont donc très vrais; les belles dames y énumèrent de bonne grâce leurs qualités et leurs défauts; défauts physiques, bien entendu, car pour les défauts moraux, personne n'en a, et chacun se trouve très bien partagé du côté de l'esprit et du cœur. Mme de Châtillon fait comme les autres; mais son extraordinaire beauté lui crée une difficulté : dire sans se rendre ridicule ce qu'elle en sait très bien. Elle s'en tire avec beaucoup de tact en feignant que son portrait n'est qu'une plaisanterie; au fond, c'est bien ce qu'elle pense d'ellé-même, et même ce qu'en pensent les contemporains, toujours pour le corps ; car pour le cœur, les opposants sont nombreux, nous le savons.

« Le peu de justice et de fidélité que je
« trouve dans le monde, fait que je ne puis
« me remettre à personne pour faire mon
« portrait : de sorte que je veux moi-même
« vous le donner le plus au naturel qu'il me
« sera possible, et dans la plus grande naïveté
« qui fût jamais. C'est pourquoi je puis dire
« que j'ai la taille des plus belles et des
« mieux faites que l'on puisse voir. Il n'y a
« rien de si régulier, de si libre, ni de si aisé.
« Ma démarche est tout à fait agréable, et en
« toutes mes actions j'ai un air infiniment
« spirituel. Mon visage est une ovale des plus
« parfaites suivant toutes les règles : mon
« front est un peu élevé, ce qui sert à la régu-
« larité de l'ovale. Mes yeux sont bruns, fort
« brillants, et bien fendus ; le regard en est
« fort doux, et plein de feu et d'esprit. J'ai
« le nez assez bien fait : et pour la bouche,
« je puis dire que je l'ai non seulement belle
« et bien colorée, mais infiniment agréable,
« par mille petites façons naturelles qu'on

« ne peut voir en nulle autre bouche. J'ai les
« dents fort belles et bien rangées. J'ai un
« fort joli petit menton. Je n'ai pas le teint
« fort blanc. Mes cheveux sont d'un châtain
« clair et tout à fait lustrés. Ma gorge est
« plus belle que laide. Pour les bras et les
« mains, je ne m'en pique pas ; mais pour la
« peau, je l'ai fort douce et déliée. On ne peut
« pas avoir la jambe ni la cuisse mieux faite
« que je ne l'ai, ni le pied mieux tourné. J'ai
« l'humeur naturellement fort enjouée et un
« peu railleuse, mais je corrige cette inclina-
« tion par la crainte de déplaire. J'ai beaucoup
« d'esprit, et j'entre agréablement dans les
« conversations. J'ai le ton de la voix tout
« à fait agréable et l'air fort modeste. Je suis
« fort sincère, et n'ai pas manqué à mes
« amis. Je n'ai pas un esprit de bagatelle
« ni de mille petites malices contre le pro-
« chain. J'aime la gloire et les belles actions.
« J'ai du cœur et de l'ambition. Je suis fort
« sensible au bien et au mal : je ne me suis
« pourtant jamais vengée de celui qu'on m'a
« fait, quoique ce soit assez mon inclination ;
« mais je me suis retenue pour l'amour de

« moi-même. J'ai l'humeur fort douce et
« prends plaisir à servir mes amis, et ne
« crains rien tant que les petits démêlés des
« ruelles, qui d'ordinaire ne vont qu'à des
« choses de rien. C'est à peu près de cette sorte
« que je me trouve faite en ma personne et en
« mon humeur ; et je suis tellement satisfaite
« de l'une et de l'autre, que je ne porte envie
« à qui que ce soit, ce qui fait que je laisse
« à mes amis, ou à mes ennemis le soin de
« chercher mes défauts (1). »

On protestait bien un peu sur l'article de la
bouche, et des mille petites façons naturelles
qui ne se voyaient en nulle autre ; on les disait
moins naturelles que la jolie duchesse ne veut
bien le dire, et ses ennemis ajoutaient qu'elle
était très minaudière. Mais, à tout prendre,
c'était bien là l'exacte description de sa per-

---

(1) On sait que Ségrais, secrétaire de mademoiselle de
Montpensier, a corrigé et coordonné les mémoires de cette
princesse que nous allons citer si souvent. Peut-être a-t-il
aussi revu la collection des portraits ; mais en comparant le
style de Ségrais avec celui des mémoires et des portraits, on
reconnaît aisément qu'il n'a fait que supprimer les grosses
fautes en laissant à chacun des nobles auteurs son style
particulier.

sonne ; Voiture le confirme. Pour lui c'est
bien

> Le même visage charmant,
> Cet œil qui toutes âmes touche,
> Ce teint et cette belle bouche,
> Cette bouche qui n'eut jamais
> Sa pareille en divins attraits,
> Sa taille et son port adorable.

La cour était très brillante en ce moment,
et on s'y amusait beaucoup. Le Mazarin tenait
la clef du cœur de la Reine, et aussi celle de sa
cassette, et s'il ne lui laissait pas beaucoup d'argent à distribuer à ses amis, aimant mieux le
donner aux siens, il avait bien soin qu'elle
n'eût pas à regretter la dépendance dans laquelle elle s'était mise volontairement. Ce n'é-
taient que fêtes, bals, ballets et comédies, dont
le plus piquant assaisonnement était la galanterie avec toutes ses nuances, depuis la passion romanesque la plus immaculée, jusqu'à
l'amour le plus réaliste. Aucune beauté n'é-
tait assez farouche pour refuser d'embarquer
sa vertu sur ce fameux fleuve de tendre, si
fertile en naufrages. Aussi les accidents n'é-
taient-ils pas rares. Cependant les belles de-

moiselles, anxieusement suivies, il est vrai,
par l'œil de leurs mères, ne craignaient pas
de s'y risquer à la recherche d'un mari, et
celles qui restaient sans adorateurs faisaient
aux autres grand'pitié. Elles n'étaient pas
nombreuses, heureusement; Voiture encore le
constate :

> Les demoiselles de ce temps,
> Ont depuis peu beaucoup d'amans;
> On dit qu'il n'en manque à personne,
> L'année est bonne.

Chacune avait donc le sien. Mentionnons
seulement celles qui seront mêlées à notre récit : Mlle de Bourbon accueillait les soupirs de
Maurice de Coligny, fils et héritier du maréchal duc de Châtillon ; Mlle du Vigean était
aimée du duc d'Enghien, qui voulait se dé-
marier exprès pour l'épouser; quant à Mlle de
Boutteville, elle en avait presque trois ; sans
doute à cause des *mille petites façons naturelles de sa bouche* dont nous avons parlé plus
haut. Il y avait le duc d'Anville, héritier de
la branche aînée de Montmorency ; Gaspard de
Coligny, baron d'Andelot, second fils du ma-

réchal de Châtillon, et enfin, mais pour une
part seulement, le duc d'Enghien déjà nommé.
Un poète du temps disait :

> Bien souvent l'amitié s'enflamme,
> Et je sens qu'il est malaisé
> Que l'ami d'une belle dame
> Ne soit un amant déguisé.

Or l'amitié de Condé s'échauffait beaucoup
quand il se trouvait près de sa belle cousine.

Condé est certainement le personnage de notre histoire dont on se fait communément l'idée
la plus fausse. Nombre de gens ne voient en lui
qu'un écervelé dont la témérité outrée gagna,
par bonheur, des batailles célèbres. En réalité
c'était, avec Turenne, l'homme de son temps
le plus savant et le plus consommé dans le difficile art de la guerre. Il devait cette science,
non seulement à son génie naturel, mais à un
travail acharné, commencé dès sa plus tendre
enfance, et à une étude approfondie du métier
de général en chef auquel l'appelait sa naissance. Doué d'une intelligence extraordinaire,
il était surtout un travailleur infatigable, et,
au collège, où son père l'envoyait, quoique

prince du sang, avec tout le monde, il avait
toujours eu tous les prix. Sorti de là, il n'a-
bandonna jamais l'étude, même dans un âge
avancé, en sorte qu'on le tenait pour universel
dans toutes les sciences. Il savait toutes les
langues, et par cœur ce qu'il y avait de plus
beau dans chacune; en sorte qu'en matière de
littérature, il était considéré comme un oracle.
Il attachait une telle importance aux études
littéraires, que dans les moments les plus ar-
dus de sa carrière, quand le sort de la guerre
civile semblait le réduire aux dernières extré-
mités, il ne cessa jamais de se faire adresser
à l'armée, pour les corriger, les thèmes de son
fils, et nous en trouvons encore dans les papiers de Lenet, un certain nombre qui furent
ainsi envoyés (1).

La qualité de *fort en thème*, comme on dit
aujourd'hui, n'est pas très prisée dans le monde ;
aussi n'était-ce pas par là qu'il plaisait aux
dames. Mais il avait infiniment d'esprit. Il
était gai, enjoué, familier, civil, d'agréable
conversation. Il raillait agréablement, — un

(1) *Mémoires de Lenet* et portrait par mademoiselle de
Montpensier.

peu trop ; — son principal défaut était d'être
très colère ; mais il avait des repentirs si ai-
mables, qu'on était heureux d'être maltraité
par lui. Ajoutons à cela qu'il était l'homme du
monde qui dansait le mieux « *et en belles danses
et en ballets* (1) ». Dans son costume, il était
élégant, magnifique, et Gourville nous parle
d'un de ses habits qui, avec les intérêts, il
est vrai, parce qu'il ne fut payé que quelques années après, était porté sur le mémoire
de Tabouret, son tailleur, pour six mille livres,
somme qu'il faut au moins tripler pour avoir
sa valeur d'aujourd'hui. D'ailleurs M. le Prince
était fort bien de sa personne : la taille moyenne
mais très bien prise, la jambe bien faite, la fi-
gure agréable malgré son grand nez et ses dents
trop longues, à cause de ses yeux fiers et vifs,
de son teint et de son grand air. Personne ne
montait mieux que lui à cheval, ce qui n'était
pas sans importance, parce qu'à cette époque,
dans les promenades, les cavaliers caracolaient
beaucoup autour des carrosses des dames.

Comme on peut bien penser, Mlle de Boutteville ne cherchait pas à décourager la galante

(1) *Mémoires de Montpensier.*

amitié du duc d'Enghien. Les attentions du
jeune héros et du prince du sang flattaient trop
agréablement son amour propre. Elle ne croyait
même pas, non plus que Célimène, devoir
prendre un bâton pour mettre en fuite le
duc d'Anville; mais celui qu'elle aimait sérieusement était d'Andelot. Celui-ci était un des
plus beaux seigneurs de la cour. Ami intime
d'Enghien, du même âge que lui, son lieutenant, désigné par sa précoce réputation militaire pour les plus hauts emplois, il devenait,
à cette même époque, seul héritier de la maison
de Coligny Châtillon par la mort de son frère
aîné survenue à la suite de son duel avec le
duc de Guise (1). Encore que le maréchal eût
beaucoup embrouillé les affaires de sa maison,
c'était un parti très sortable pour Mlle de
Boutteville, et c'est cela surtout qu'elle cherchait.

Non seulement le duc d'Enghien ne pouvait être un mari pour elle, mais elle savait bien que celle qu'il aimait véritablement
était Mlle du Vigean. On prétendait même que

(1) Il quitta alors le nom de baron d'Andelot pour celui
de comte de Coligny.

s'il s'occupait autant de Mlle de Boutteville, c'était Mlle du Vigean qui le voulait ainsi, afin de mieux cacher ses amours. Cette dernière n'aurait pas tardé à reconnaître qu'il était imprudent de prendre une si belle personne pour *paravent,* et que son amant se prêtait de trop bonne grâce à cette savante manœuvre. Elle lui avait donc ordonné de ne pas continuer sur ce ton. D'autre part, Coligny avait déclaré au duc d'Enghien qu'il voulait sérieusement épouser Mlle de Boutteville, et qu'il le suppliait de renoncer à la courtiser. Le prince, voulant obéir à celle qu'il aimait, en même temps qu'obliger son ami, avait renoncé à s'occuper de Mlle de Boutteville.

Enfin survint un nouvel incident : M. du Vigean se mit en tête de marier sa fille avec Coligny. Ce coup décida nos quatre amants à précipiter le mariage de ce dernier avec Mlle de Boutteville, et il semblait que les intéressés étant si bien d'accord, ce dût être chose facile à accomplir. Il en fut autrement. Le maréchal de Châtillon ne se souciait pas que son fils épousât Mlle de Boutteville, qui avait peu de fortune et était catholique, et il préférait de beaucoup l'unir à Mlle de la Force, qui était très riche et protestante. Comme Henri IV, il n'avait abjuré sa religion que du bout des lèvres, et il était endetté au point qu'il avait besoin de trouver une bru qui lui donnât de quoi payer ses dettes. Il défendait à son fils de penser à cette union en lui remontrant le désordre de ses affaires et que, celle qu'il aimait n'ayant aucun bien, c'était vouloir aller à l'hôpital, et l'y mener avec lui que d'en vouloir faire sa femme (1).

Mme de Boutteville, sachant cela, le prenait du plus haut qu'elle pouvait, et refusait aussi par beaucoup de raisons, dont la meilleure était qu'elle voyait que le maréchal ne voulait pas ; si bien qu'il fut résolu que le mariage ne se ferait pas. Mais Coligny et Mlle de Boutteville ne se le tinrent pas pour dit et continuèrent publiquement à se donner les marques les moins équivoques de leur inclination, en sorte que personne ne fut surpris d'apprendre, un beau jour, que le cavalier avait enlevé sa belle. Le duc d'Enghien avait donné les mains à l'enlè-

____

(1) *Histoire véritable de la duchesse de Châtillon.*

vement, fourni l'attirail nécessaire, et toute la maison de Condé était dans la confidence.

Voilà comme il se fit : Un soir que Mme de Valençay, sœur cadette de Mlle de Boutteville, mariée la première, comme nous l'avons dit, ramenait sa sœur, après un bal, la voiture fut entourée, à la porte de l'hôtel, par un groupe de cavaliers qui se saisirent de Mlle de Boutteville. Celle-ci poussa les cris exigés par les convenances, quelques valets sortirent pour la défendre, et, avant les autres, le suisse de Mme de Valençay, qui reçut un coup d'épée, dont il mourut. La belle fut jetée dans un carrosse où son amant l'attendait ; puis le carrosse partit pour Château-Thierry, où le mariage fut béni et consommé. Nous n'ajoutons pas les détails donnés par Voiture dans l'épître où il célèbre en vers cet exploit du duc de Châtillon (1), parce qu'ils sont un peu lestes, et entièrement pris dans son imagination. De Château-Thierry, le jeune couple partit pour Stenay, et de Stenay pour Bruxelles.

(1) Le maréchal mourut très peu de temps après et Coligny prit le titre de sa terre de Châtillon, érigée pour lui en duché par la faveur de Condé.

A Paris, la maison de Montmorency fit tout
le vacarme qu'on pouvait raisonnablement désirer. Mme de Boutteville, Mme de Valençay,
le duc d'Anville, coururent à minuit trouver
la reine déjà en chemise (1), et entrant dans
son lit. Ils étaient conduits par Mme la Princesse qui mourait d'envie de rire, en demandant justice, et la reine, devinant aussitôt ce
qu'il en fallait penser, répondait avec majesté,
mais non sans une égale envie de rire, qu'elle
la ferait assurément. Cependant comme elle
était bonne princesse, elle crut devoir, sur la
fin de l'entretien, tirer à part d'Anville pour
lui dire : « Mon pauvre Brion, dans tout ceci,
« il n'y a que vous de vraiment fâché. Tout ce
« monde se consolera ; votre cousine fait un
« bon mariage, et qui lui convient ; Mme de
« Boutteville serait bien fâchée qu'on lui ra-
« menât Coligny avant qu'il soit son gendre.
« Je vous conseille de vous consoler aussi. »

Et en effet tout le monde se consola, sauf
peut-être la famille du pauvre suisse, s'il en
avait, et le maréchal de Châtillon, qui non
seulement jeta feu et flammes, mais se pourvut

(1) Mme DE MOTTEVILLE (*sic*).

en justice pour faire casser le mariage. Il mourut avant la fin du procès. Coligny et sa femme passèrent à Bruxelles leur lune de miel, et revinrent à Paris où, après quelques belles façons, Mme de Boutteville pardonna, et ils reprirent leur place dans le monde.

La cour était plus brillante que jamais et plus joyeuse. On n'y parlait que d'aventures galantes. M. le duc d'Orléans s'était amouraché de Mlle de Saint-Mégrin, fille d'honneur de la reine, et lui avait donné un superbe collier de perles, puis il s'était aperçu qu'elle lui préférait le marquis de Gersé, et cette découverte lui avait « causé de tels sentiments, que perdant en un moment les principales vertus qui doivent être dans l'âme d'un grand prince et d'un chrétien, » dit avec conviction la brave Mme de Motteville, il avait donné l'ordre de jeter son rival par la fenêtre. Gersé, averti à temps, se sauva, mais n'en devint pas plus sage, car peu de temps après, il s'en prit à la reine elle-même, voulant ainsi couper l'herbe sous le pied de Mazarin. Condé, renonçant à faire rompre son mariage, avait abandonné la belle du Vigean qui, de dépit, se faisait car-

mélite. Le prince se consolait en s'adressant
à Mlle de Toussy ; mais celle-ci était vertueuse
aussi, et cherchait un mari. Condé en fut pour
ses frais. Mlle de Ponts alla aussi au couvent,
mais non de son plein gré. Le duc de Guise
qui, étant archevêque de Reims à dix-huit
ans, avait épousé Anne de Gonzague, après
avoir jeté aux orties la crosse et la mitre ar-
chiépiscopales, s'était, considérant ce premier
mariage comme nul, remarié avec la comtesse
de Bossu ; puis, n'ayant pu faire casser cette
nouvelle union par le pape, il l'avait cassée
lui-même, avait épousé Mlle de Ponts, et était
parti ensuite pour son entreprise de Naples,
pendant laquelle sa nouvelle femme se donna
tant de bon temps et afficha tant de conquêtes
que la reine jugea à propos de la mettre en
religion jusqu'au retour de son mari.

Le chevalier de Bois-Dauphin, de la maison
de Laval, épousait, en plein Paris, la marquise
de Coislin, fille du chancelier Séguier, malgré
son père et à la barbe de ce magistrat furi-
bond. L'héritière de Rohan, que tous les princes eussent voulu pour femme, se donnait au
comte de Chabot en dépit de sa mère et de sa

famille. Mme de Longueville commençait à écouter le prince de Marsillac, Mlle de Chevreuse se laissait charmer par le coadjuteur. Madame sa mère, ainsi que Mme de Montbazon, la princesse Palatine et autres, vieille garde de l'armée de Cythère, continuaient le cours de leurs galants exploits ; enfin, et pour ne pas détailler l'histoire de beautés moins célèbres, chaque chevalier avait sa dame, quelquefois plus, et réciproquement.

Il n'est pas jusqu'au jeune roi de dix ans qui ne parut, montrant de bonne heure quel galant il serait un jour, touché des charmes de Mme de Châtillon ; ce qui inspira à Benserade les vers que chacun sait :

> Châtillon, gardez vos appas
> Pour quelqu'autre conquête ;
>   Si vous êtes prête
>   Le Roi ne l'est pas ;
>   Avecque vous il cause,
>   Mais en vérité,
> Il faut quelque autre chose
>   Pour votre beauté
>   Qu'une minorité.

La dame fut enchantée de ces vers : « Que

vous êtes aimable, monsieur de Benserade, de
faire comme cela de jolis vers sur moi! » dit-elle;
mais le duc de Châtillon fut beaucoup moins
flatté : « Mon petit ami, dit-il au pauvre poète,
s'il vous arrive encore de parler de Mme de Châtillon, je vous ferai donner cent coups de bâton. » C'est à partir de ce moment, et pendant le reste de l'année, que Scarron data ses
lettres de

> L'an que le sieur de Benserade
> Fut menacé de bastonnade;

ce qui n'empêcha pas celui-ci de continuer à
faire sur les dames des vers encore plus lé-
gers, mais ce ne fut plus sur Mme de Châtillon.

Pourtant le duc de Châtillon n'avait pas le
droit d'être si susceptible. Il n'avait pas été
élevé par le maréchal, son père, un des plus
grands coureurs qui fut jamais, dans un bien
sévère respect de la foi conjugale, et la paisi-
ble possession de celle qu'il avait aimée avec
tant d'ardeur ne prévalut pas longtemps pour
lui sur le charme du fruit défendu. Il est
juste de dire que le bon accord n'avait pas

duré longtemps dans son ménage et qu'il n'avait pas tardé à se repentir d'avoir épousé une femme qui n'était pas riche. Non seulement madame de Châtillon, estimant qu'un beau cadre embellit un beau tableau, aimait la toilette pour l'éclat qu'elle donnait à sa beauté ; mais elle l'aimait pour elle-même, et avec passion. Elle eut ce goût toute sa vie avec tous les autres goûts, qui ordinairement ne se séparent pas de celui-là, pour les beaux meubles, les belles livrées, les beaux équipages. Elle était aussi magnifique que si elle eût apporté des millions en mariage. Le duc, de son côté, n'avait pas plus d'argent qu'il ne lui en fallait pour soutenir la dépense que lui imposait son rang. Il en résultait des scènes dans lesquelles les deux époux se reprochaient mutuellement leur prodigalité, et rien n'est plus mortel pour l'amour que ces sortes de querelles. Si bien que deux ou trois ans à peine après le mariage, le duc de Châtillon allait mettre son cœur aux pieds de Mlle de Guerchy, une fille de la reine, beaucoup moins belle que sa femme, mais une des célébrités de la galanterie, connue déjà par plusieurs aventures, et

qui, paraît-il, ne laissait pas ses adorateurs
transir dans les hauteurs éthérées de l'amour
platonique. On jugera sans peine que, de l'humeur dont elle était, la belle délaissée ne fut
point sans ressentir l'offense comme elle le
devait, et sans se repentir aussi un peu à son
tour du choix qu'elle avait fait.

Les liaisons galantes comme celles de Châtillon et de Mlle de Guerchy se formaient surtout au palais cardinal, où la reine s'était
établie, et où les fêtes se succédaient sans in-
terruption. On ne pouvait rien voir de plus
féerique que ces bals, dans le somptueux palais que Richelieu s'était plu à décorer de
tout ce que l'art, encore si élégant du temps
de Louis XIII, avait pu produire de plus admirable par le travail et la matière. Dans les
vastes salons aux plafonds dorés, tendus des
plus belles tapisseries de Flandre, se pressaient
les courtisans, dont les riches costumes res-
plendissaient aux lumières de lustres sans
nombre ; les femmes ruisselantes de pierreries accumulées depuis longtemps dans leurs
maisons séculaires, couvertes de brocart d'or,
de toile d'argent, et de dentelles d'un prix

inestimable, gantées de ces gants d'Espagne
aux parfums pénétrants qu'un bourgeois ne
pouvait respirer sans éternuer (1) ; les hommes vêtus de velours en broderies d'or, d'argent et de perles, mais où l'on ne voyait de
velours que ce qu'il fallait pour faire ressortir
les broderies. Les dentelles de leurs cols et de
leurs manches le disputaient à celles des dames.

Bien solides étaient les vertus qui pouvaient
résister à cette atmosphère enivrante ; les ballets étaient plus dangereux encore à cause des
répétitions. Ils étaient ce que sont encore les
ballets d'aujourd'hui, à cela près, qu'il n'y
avait point de théâtre, et que les seigneurs et
les dames de la cour étaient eux-mêmes les
acteurs. La mythologie et l'histoire ancienne
en faisaient ordinairement les frais. C'était
surtout un prétexte à travestissements, et chacun cherchait à briller par les costumes, non
les plus exacts, mais les plus somptueux. Il
n'y avait pas de bergère qui ne fût couverte de
diamants, ni de héros grec ou romain qui n'eût
des chausses de satin brodé et des manches
en point de Venise. Les danseurs et les dan-

(1) *Mém de Montpensier.*

seuses se réunissaient pendant un mois pour préparer les figures, et, s'ils ne négligeaient pas leurs pas de danse, ils ne s'occupaient pas que de cela.

Mais ce qui dépassa tout ce qu'on avait vu jusque-là, ce fut la Comédie italienne, l'Opéra, dont le cardinal fit venir d'Italie, les acteurs, les machinistes, les décorateurs. On n'avait point alors idée de ce que nous voyons chaque jour sur nos théâtres modernes. L'admiration n'eut point de bornes quand on vit sur la scène

> Des ports, des ponts, des tours, des jardins spacieux,

des dieux s'élevant dans les airs et descendant du ciel, l'olympe, le fond de la mer et les enfers, et tout cela changeant d'aspect au coup de sifflet du machiniste. La beauté de la musique répondait aux merveilles de la mise en scène, et la magnificence du public ajoutait à tout cela. Enfin les courtisans exagérant encore leur enthousiasme pour flatter le cardinal, « il fut tant parlé de cette célèbre comédie, dit Mme de Motteville, qu'elle en devint ennuyeuse aux personnes modérées dans leurs paroles, » et peut-être aussi médiocre-

ment amies de celui qui l'avait importée. Tout
cela était bien charmant, malheureusement
tout cela coûtait bien cher, si cher que la
Fronde en résulta.

Nous ne voulons pas ici à propos de l'histoire d'une jolie femme, faire celle de la Fronde ;
mais il nous faut nécessairement montrer en
quoi les événements touchaient Mme de Châtillon et son entourage : on ne comprendrait
sans cela ni pourquoi elle y prit part, ni pourquoi on la voit tantôt se jeter à corps perdu
dans la mêlée, tantôt épuiser tous les moyens
de la faire cesser, et toujours avec autant d'à-
propos et de sagacité que de dévouement à ses
amis.

On a beaucoup reproché aux frondeurs d'a-
voir attaqué le cardinal Mazarin, pendant
qu'il était aux prises avec la maison d'Autriche, et d'avoir ainsi fait perdre le bénéfice de
six ans de victoires. Les révolutions et les in-
surrections n'arrivent que par la faute de ceux
contre qui elles se font. Certes Mazarin avait
raison de refouler et de désagréger autant
qu'il était possible, suivant la politique tradi-
tionnelle de nos pères, cette race allemande

hypocrite et envahissante, maîtresse alors de l'Espagne, qui eût asservi l'Europe sans la résistance que la France lui opposa et qu'elle sera bientôt en mesure de lui opposer de nouveau, espérons-le; mais il avait tort, étant engagé dans une guerre aussi longue et aussi dispendieuse, de dilapider et de laisser dilapider les finances comme il le fit. Richelieu soutenait la même guerre que lui, il fut obligé de demander à la nation des sacrifices énormes, mais tolérables; Mazarin passa toute mesure. La cause fut le luxe effréné qu'il développa. Outre que la dépense de la maison du roi devint effroyable, il fallut pourvoir à celle des courtisans. Le roi passait pour tenu de secourir chaque seigneur hors d'état de tenir le rang que lui assignaient sa naissance et ses fonctions, et sur le ton où les choses étaient montées, personne ne le pouvait avec son revenu. Les plus grands seigneurs étaient criblés de dettes et ne pouvaient suffire à l'entretien de leurs armées de domestiques; car leur train de maison était à l'avenant de leurs meubles, et de leurs habits. Pas un homme de qualité n'eût voulu sortir de chez lui sans avoir autour

de son carrosse une troupe de laquais super-
bement vêtus de ses livrées, et il laissait chez
lui d'autres valets non moins nombreux. Aucune fortune n'y pouvait suffire, bien que la
plupart de ces domestiques ne reçussent que
la nourriture de l'hôtel et la livrée. Ils pour-
voyaient à leurs autres besoins par tous les
moyens possibles, dont, comme pour Panurge,
« *le plus honorable étoit par larreçin furtive-
ment faict.* » Ils ne se faisaient même pas
faute, quand il y avait lieu, de demander la
bourse ou la vie au coin des rues.

Cet état de choses ne déplaisait pas à Mazarin, qui voulait, à tout prix, se faire des créatures, et il croyait acheter tous ceux auxquels
il donnait de l'argent. Mais il n'y a pire mar-
chandise que celle-là qui se vend elle-même.
Elle ne se trouve jamais payée à sa valeur.
Quelques sommes qu'il distribuât, ceux auxquels il donnait de l'argent le considéraient
comme un avare parce qu'il n'en donnait pas
davantage, et ceux auxquels il n'en donnait
pas devenaient des ennemis acharnés. Ainsi
les dépenses augmentaient inutilement, mais
à un tel point qu'il fallut battre monnaie, et

faire argent de tout. On ne pourrait croire aujourd'hui, si des documents officiels ne nous l'apprenaient, ce que devinrent les tailles à cette époque. Le 28 juin 1644, Fouquet, envoyé en mission dans le Midi, écrivait de là au cardinal que « le pays était assez esmeu « par l'excès des charges ; étant véritable qu'un « fonds de trois cents livres de revenu étoit taxé « à payer cinq cents livres, ce qui réduisoit la « plupart du monde au désespoir. » Un autre émissaire, d'Avaux, écrivait le 28 septembre 1846 que « le bien rural sujet à la taille ne « valoit pas ce qui se levoit chaque année. » Lausières, successeur de Fouquet, annonçait qu'à Valence, le peuple était tellement exaspéré, que les receveurs des tailles, malgré la présence du duc de Lesdiguières, n'avaient pu sortir de la citadelle (1). On conçoit en effet que des tailles semblables ne se levassent pas facilement; la misère était horrible, l'insurrection était partout.

(1) Ces trois lettres officielles sont à Saint-Pétersbourg parmi les documents sortis de France en 1793. *Mission du comte de la Ferrière à Saint-Pétersbourg.* 1 vol. Imprimerie impériale, 1867.

Si les peuples étaient exaspérés, la partie
de la noblesse qui ne vivait pas aux dépens de
la cour ne l'était pas moins, parce qu'elle portait sa bonne part du fardeau. Nous ne cher-
chons pas à atténuer l'iniquité de répartition
qui mettait la taille à la charge des roturiers
et en dispensait les nobles; nous voulons faire
remarquer seulement que cette exemption ne
profitait qu'à des nobles comme ceux du
Berry (1), par exemple, qui conduisaient eux-
mêmes leur unique charrue. Tous les autres
louaient leurs terres, et le fermier en payait la
taille qu'il avait bien soin, dans son bail, de
défalquer du prix de location. En sorte qu'un
bien qui payait deux cents livres de taille était,
par cela seul, loué deux cents livres de moins.
De plus, quand les locataires et vassaux d'un
noble étaient ruinés, celui-ci se trouvait dans
la position du roi, qui perd ses droits, là où
il n'y a rien. Si bien que la noblesse de province n'était pas beaucoup moins misérable
que le peuple, et elle s'en prenait au cardinal
qui gouvernait.

En outre, alors, pas plus que maintenant,

(1) SANDRAS DE COURTILZ, *Mémoires de d'Artagnan.*

heureusement, il n'y avait pas que les intérêts
matériels, et en ce temps-là les grandes vertus
coudoyaient les grands vices. Aussi ne fau-
drait-il pas juger la nation.entière par les
bruyantes immoralités de la cour. Sans doute
il y avait là, en beaucoup trop grand nombre,
des courtisans avides, intrigants et débauchés,
des financiers voleurs et perdus de vices, des
cadets de grande famille, prélats sans vocation,
scandale de l'Église, des femmes coquettes et
galantes ; mais, à côté de cela, il y avait dans
les provinces et à la ville, une noblesse sérieuse, vrai modèle d'honneur, de loyauté et
de vaillance, une bourgeoisie honnête, sévère
et même puritaine, de saints évêques, et de
bons et vertueux prêtres, des femmes qui ne
fournissaient pas d'historiettes à Tallemant
des Réaux. Tout ce monde-là s'indignait des
scandales du jour et ne s'offensait pas moins,
pour la dignité du pays, des relations de Mazarin avec la reine, que du *filoutage*, comme
dit Retz, qu'il avait introduit dans l'administration, et des rapines de ses Italiens, Parti-
celli et autres. Nous n'examinerons pas ici,
quelles étaient au juste ces relations estimées

fâcheuses par les plus fidèles amies de la Reine, ni s'il s'agissait d'amitié ou d'amour ; nous constatons seulement que la partie saine de la nation les jugeait inconvenantes , et réclamait le renvoi du cardinal.

Lorsqu'il fut certain qu'on ne pouvait tirer des tailles rien de plus, Mazarin et ses Italiens durent chercher de l'argent ailleurs ; de là une foule d'édits bursaux : surtaxe sur les objets de commerce et sur les gabelles ; édit du domaine qui frappait les maisons d'une imposition proportionnelle à l'étendue de leur façade ; édit du tarif qui augmentait tous les droits anciens sur les entrées et en créait de nouveaux. A tous ces édits les parlements répondaient par des remontrances, les peuples par des émeutes. Ce qui fit déborder la coupe , ce fut que le ministre, après avoir surchargé tout le monde en général, voulut rançonner les parlements en particulier. Les offices de judicature avaient été aliénés par les rois, en un besoin d'argent, pour un prix très-modeste ; mais, entre les mains de leurs possesseurs successifs, ils avaient atteint des prix énormes. La raison en était d'abord l'admiration naïve des bour-

geois pour les juges, admiration très-profitable
surtout en matière matrimoniale ; ensuite les
fonctions judiciaires conféraient la noblesse,
personnelle d'abord, héréditaire ensuite. Un
bourgeois s'était-il enrichi, il faisait son fils
avocat au parlement ; celui-ci, quelques années
après, était autorisé à acheter un office de conseiller ; dès lors il pouvait posséder fiefs nobles
et fiefs de dignité, en porter les noms et titres.
La valeur de ces charges avait donc pris des
proportions excessives ; elles ne rapportaient
pas plus de deux ou trois pour cent du capital.
On pouvait donc dire que les juges, loin d'être
payés, payaient fort cher pour rendre la justice, lorsque Mazarin imagina d'abord de créer
et mettre en vente douze nouvelles charges de
maîtres des requêtes, appelés à prendre leur
part des émoluments des autres, et ensuite
d'appliquer aux membres des parlements
l'édit de Paulet, c'est-à-dire de leur retenir,
comme aux autres officiers du royaume, chaque
année sur leurs gages, un soixantième, plus
d'un et demi pour cent de la valeur de leur
charge en capital, en échange du droit de
la transmettre à leurs héritiers ou cessionnaires.

Aux observations des gens du parlement, qui
se considéraient comme propriétaires des offices
qu'ils avaient achetés, il répondait que ces
offices n'étaient point vénaux et n'avaient jamais
été vendus, et que la justice était gratuite
en France. Seulement le roi exigeait des
officiers nommés, non un prix, mais un *prêt*
à titre de cautionnement. Ce qu'ils touchaient
n'était point un gage, mais l'intérêt de leur
prêt ; en les remboursant le roi redevenait
maître de leur office, il reprenait le droit d'en
disposer. En consentant à leur en laisser la
disposition après eux moyennant un soixantième annuel du capital, il leur faisait une
faveur, qu'ils étaient d'ailleurs libres de refuser
s'ils préféraient reprendre leur prêt primitif
qui était à leur disposition. Prêt ou prix, la
valeur des charges avait décuplé depuis la
première émission, aussi, devant une pareille théorie, les bonnets carrés, comme on
disait à la cour, s'étaient résolûment insur-
gés, bourgeois et peuple les avaient suivis, et
une grande partie de la noblesse. De là les
barricades, la retraite de la cour, la guerre de
Paris.

Nous ne raconterons pas les combats, parce
que, nous le répétons, nous ne voulons dire
de la Fronde que ce qui explique les sentiments
qu'en peut avoir notre héroïne.

On sait que Condé prit le parti de la cour
qu'il sauva. Le duc de Châtillon suivit Condé,
son ami, et Mme de Châtillon ne put que suivre
son mari. Elle rejoignit la cour à Saint-Germain. Un incident de cette guerre eut sur sa
destinée une influence décisive : le 9 février
1649, le soir du combat de Charenton, on rap-
porta Châtillon atteint d'une balle au bas
ventre. Elle alla le voir au château de Vincennes; il était blessé à mort et il le savait;
aussi avoua-t-il ses fautes en demandant pardon à celle qu'il avait offensée, et, dit Mme de
Motteville, « en termes si obligeants, que la
colère et la jalousie durent faire place à la
tendresse ». Mme de Châtillon déploya donc
une grande douleur, si grande qu'elle parut
suspecte, ou plutôt que celles qui ne l'aimaient
pas voulurent la trouver telle. « Elle fit, dit
« encore Mme de Motteville, qui est de ces der-
« nières, toutes les façons que les dames qui
« s'aiment trop elles-mêmes pour aimer beau-

« coup les autres, ont accoutumé de faire en
« pareilles occasions. » Mlle de Montpensier,
qui ne lui veut pas davantage de bien, ajoute
que « le jour qu'on l'alla consoler de la mort
« de son mari, elle était *fort ajustée,* dans son
« lit, ce qui confirme que l'affliction n'était pas
« grande, parce que quand elle l'est, on n'a
« soin de rien. » Il est certain qu'elle se consola ; mais il faut remarquer aussi qu'elle
avait vingt-trois ans, et que quand on rap-
porta Châtillon, il avait encore au bras en
guise d'écharpe, une jarretière bleue de Mlle de
Guerchy. Toute l'armée en plaisantait (1).

Cependant, comme le monde ne prenait
guère part, que pour s'en amuser, aux infor-
tunes conjugales de la pauvre duchesse, la
mort du duc fut un deuil général ; il était chéri
de tous, et il n'y eut personne, même parmi
ceux du parti adverse, qui ne s'attendrît en
apprenant comment avait péri ce vaillant guer-
rier, ce jeune et brillant aide du vainqueur de
Rocroy. Le roi écrivit au prieur de Saint-Denis
que « pour faire connaître à toute la France
la satisfaction qui lui demeurait des grands et

(1) *Mém. de Montpensier.*

considérables services rendus à son État par
son cher cousin, le duc de Châtillon, il voulait
lui faire faire un service à ses dépens, et que
son corps fût embaumé et demeurât dans l'église
de l'abbaye de Saint-Denis, dépôt de tant de
rois et de grands et illustres personnages, or-
donnant en conséquence qu'il y fût inhumé
avec toute la pompe et cérémonie qu'il se
pourra (1). » La reine ajouta : « Mon père,
« je vous prie que votre communauté fasse les
« avances, car le Roi n'a pas d'argent maintenant. Il vous remboursera un jour. » Le service eut donc lieu le 22 février. Toute l'armée
y assista, le père Faure fit l'oraison funèbre,
Condé versa des larmes au moment de l'inhumation, et les chevau-légers du roi firent
leur décharge à la porte de l'église. Trois ou
quatre jours après le maréchal de Schomberg
vint prier sur la tombe de son compagnon
d'armes (2), puis on n'en parla plus. L'histoire ne nous dit pas combien de temps sa
femme y pensa.

(1) Lettre du roi au prieur de Saint-Denis. *Livre des choses
mémorables de l'abbaye de Saint-Denys.*

(2) *Livre des choses mémorables de l'abbaye de Saint-Denys.*

La guerre ne se prolongea pas ; les frondeurs n'étaient pas parvenus à mettre sur pied des troupes suffisantes pour empêcher l'armée du roi de couper les vivres à la capitale, et quoique les courtisans, pour taquiner le Mazarin, prétendissent qu'on manquait de tout à Saint-Germain, tandis que Paris était dans l'abondance, la vérité est que le pain y avait atteint un tel prix qu'il fallait composer ou mourir de faim, et que tout le monde y criait avec Scarron, qui, lui aussi, avait été frondeur au commencement :

> Finissons la guerre civile ;
> Et que le pain quotidien
> Revienne à Paris la grand'ville.

Sauf quelques meneurs, le parlement et les bourgeois en avaient assez. Ils s'étaient révoltés pour éviter des impôts ; les charges de la guerre les décuplaient, et ils se voyaient privés de tous leurs revenus. La plupart des marchands et artisans qui criaient tant contre la cour ne vivaient que par elle. Tout ce qui était enlevé au reste de la France venait se dépenser à Paris ; lorsque la cour fut partie, le

commerce et le travail cessèrent. Les arrêts
du parlement dispensaient les locataires de
payer leur terme ; les rentes ne se payaient
plus parce que les fonds destinés à cet usage
devaient être fournis par les fermiers des aides,
et ceux-ci déclaraient qu'ils aimaient mieux
renoncer à leurs fermes que de s'exposer à
être assommés à la première exécution qu'ils
feraient. Partout on refusait de payer les oc-
trois.

Comme il fallait de l'argent à tout prix, le
parlement s'était cotisé ; on avait imposé aux
aisés une taxe égale à celle qui l'avait été
lors du siége de Corbie par les Espagnols.
Chaque propriétaire de porte cochère devait
fournir un cheval avec son cavalier équipé et
soldé à raison de 20 sols par jour, les propriétaires de portes bâtardes, un fantassin et
10 sols. Tout cela ne suffisait pas ; le parlement
demandait à la ville cent mille livres, les échevins répondaient qu'ils ne pouvaient pas
« trouver seulement un teston sur les obliga-
tions qu'on voulait faire », et, pour faciliter
l'emprunt, le parlement décrétait que les
échevins seraient tenus de le garantir sur leur

fortune personnelle, ce qui naturellement n'é-
tait pas du goût de ceux-ci (1).

Quant au service militaire, les bourgeois s'y
étaient assez bien prêtés d'abord, et s'étaient
très-bien habillés; mais ils s'étaient vite lassés.
Les expéditions surtout ne leur plaisaient pas
du tout. Le conseiller au parlement, Ménar-
deau, l'un des colonels, parlant au nom des
autres, avait déclaré, en séance de l'hôtel de
ville, que « les colonels et capitaines de Paris
« n'avaient pas été établis pour *s'exposer*, eux
« et les bourgeois de ladite ville, à des sor-
« ties auxquelles ils *pourraient courir hazard*
« *de leurs vies et de leurs personnes.* » Que
leurs occupations ne leur permettaient pas, et
qu'ils ne voulaient que garder les portes et les
murailles, et empêcher les querelles et séditions (2). On décida, en conséquence, que les
compagnies se cotiseraient pour payer six mille
hommes de milice, qui seraient chargés de faire
les sorties et de combattre l'armée royale. On
n'en trouva que douze cents, desquels on ne
put tirer que le service que rendaient les

---

(1) *Registres de l'Hôtel de ville pendant la Fronde.*
(2) *Registres de l'Hôtel de ville pendant la Fronde.*

troupes déjà à la solde de la Fronde, qui con-
sistait surtout à piller les environs et même
les faubourgs de Paris, sans distinguer les maisons amies ou ennemies, détrousser les passants
et voler les marchands. La populace était en
ébullition, on avait fort à faire pour l'empêcher de mettre à sac les boutiques de boulan-
gers, et les bateaux de grains ; et, comme elle
n'était contente de personne, personne ne pouvait sortir de chez soi sans s'exposer à être
assommé. Bientôt les bourgeois se lassèrent
même de garder les murailles. Ils se mirent à
envoyer leurs valets monter la garde à leur
place ; le parlement le défendit. Alors ils se
rendirent au poste ; mais, l'appel fait, ils dé-
sertaient les uns après les autres pour aller
dîner et coucher chez eux, il n'y avait plus
moyen de relever les sentinelles. Si les capitaines, lieutenants et enseignes se fâchaient
« on levait les armes contre eux, jurant et blas-
phémant qu'on ne leur obéirait pas (1). »
Tel était l'état des choses lorsque la famine

(1) Tous ces détails sont pris dans les « *Registres de l'Hôtel
de ville pendant la Fronde* » publiés par la Société de l'Histoire
de France. Paris, 1846.

croissante obligea les Parisiens de faire la paix.
La reine et le Mazarin s'y prêtèrent d'autant
plus volontiers, qu'ils étaient effrayés des ré-
voltes qu'ils voyaient poindre de divers côtés
du royaume et par l'exemple de ce qui se passait alors en Angleterre. Quand la cour rentra
à Paris, elle fut bien reçue en apparence. Les
frondeurs cédaient à la nécessité ; mais ils n'en
haïssaient pas moins le cardinal, et ils étaient
très-animés contre Condé, le seul auteur de
leur défaite. Le premier crut cependant pouvoir reprendre, sans y rien changer, les mêmes
errements qui avaient causé les troubles ; de
là, sa rupture avec Condé. Ce prince qui était
un homme politique très-sérieux, et non un
brouillon, comme on l'a trop dit, se voyant
chargé des malédictions publiques, et rendu
responsable des œuvres du gouvernement,
crut que le service qu'il venait de rendre, et sa
qualité de premier prince de sang, lui permet
taient d'imposer à une régente espagnole, et à
un favori italien, un mode d'administration
qui ne compromît pas la couronne en exaspé-
rant la nation.

Comme il voyait que le cardinal voulait se

mettre en état de ne plus craindre personne
en accaparant pour lui-même et pour ses
créatures tous les gouvernements de province
et tous les grands commandements, il en
réclama une part pour lui et les autres princes.
Telles furent les exigences qu'on a tant repro-
chées à Condé. Il est constant pourtant par
ses actes publics et par les plus secrètes correspondances de ses amis, comme celles de
Lenet et de Marigny, qu'il a toujours dit à
la reine : Ou chassez Mazarin, et alors nous
renonçons à rien demander, ou donnez-nous
les moyens de nous défendre nous et le public.
Mais Mazarin voulait avoir la puissance ab-
solue, et la reine voulait la lui donner. Un parti
nombreux se groupa autour de Condé ; la lutte
s'envenima et le premier incident fut l'empri-
sonnement des princes. Ici commencent les
grandes aventures politiques et galantes de
Mme de Châtillon.

Charles Emmanuel de Savoie, duc de Nemours, comte et souverain de Neufchâtel, était
très-grand seigneur par sa naissance, par sa
fortune, par ses alliances, par son air et ses
manières ; il était jeune, bien fait de sa per-

sonne, grand, mais un peu mince, d'un blond
un peu hasardé, légèrement marqué de la petite
vérole, et avait avec cela un certain agrément
qui faisait qu'il plaisait. Il était brave autant
qu'homme du monde ; il avait l'esprit fort
agréable dans la conversation, enjoué et plaisant. Tel est le portrait qu'en donne Mlle de
Montpensier qui ne l'aimait pas ; nous pouvons
donc le considérer comme n'étant pas flatté.
Retz y ajoute, il est vrai, qu'en politique
« M. de Nemours était moins que rien pour la
capacité » ; mais il paraît que, de son côté,
Nemours n'estimait pas beaucoup la capacité
de Retz qu'il trouvait excessive, et qu'il considérait comme un pernicieux esprit d'intrigue.
Aussi fit-il de son mieux pour en neutraliser
les effets, et Retz avoue en avoir été fort
souvent incommodé.

Le duc de Nemours avait épousé Mlle de
Vendôme, sœur du duc de Beaufort, et il la
traitait bien quoiqu'il ne l'aimât pas. Il avait
commencé à s'occuper de Mme de Châtillon
au voyage de la cour à Saint-Germain, au commencement de la guerre de Paris, alors qu'on
parlait le plus dans le monde de l'amour du

duc de Châtillon pour Mlle de Guerchy, et la colère de la belle duchesse, comme aussi son naturel, avaient fait qu'elle avait accueilli ce soupirant avec indulgence. Cette galanterie s'était accentuée après la mort, et elle devint une passion qui ne finit qu'à celle de Nemours. Du reste nul auteur ne donne d'autres détails sur les commencements de cette liaison. Nous voulons dire nul auteur digne de foi, car pour Bussy, il sait tout; il donne les lettres que s'écrivirent les deux amants, et qu'ils lui avaient confiées, sans doute, pour les faire imprimer. Elles sont dans le style prétentieux qui lui est particulier à lui-même. Il sait que Mme de Châtillon a succombé le jour même de l'enterrement de son mari, au vu, au su, et à l'indignation de ses gens. Il sait toutes les circonstances et nous les donne; il avait nécessairement l'œil au trou de la serrure. Pour parler sérieusement, il veut, comme toujours, faire son conte meilleur, et il le rend immonde et invraisemblable.

Mme de Châtillon était alors dans un état de grossesse avancée, la date de la naissance de son fils l'établit. Il est inutile de déduire les

raisons de santé et de coquetterie, si l'on
veut ne tenir compte que de celles-là, qui la
préservaient d'une chute en ce moment. De
plus, s'il y eût eu le moindre scandale, les
contemporains n'eussent pas manqué de nous
en faire part, et ils n'en disent mot. La vérité
est qu'on n'a jamais rien su de certain, on
n'a fait que soupçonner. Pour les uns, ce fut
de ces choses qui, suivant une expression de
Retz, ont l'air de n'être pas publiques quoiqu'elles ne soient pas cachées, et dont on dit
aujourd'hui : Je n'en sais rien, mais j'en suis
sûr ; pour les autres, ce ne fut qu'une galanterie permise par les usages du temps et qui
ne dépassait pas les bornes de la bienséance.
Nous ne trancherons point une question que
les contemporains n'ont pu résoudre ; nous
aurons cependant à citer plusieurs témoins
qui avaient vu de près Mme de Châtillon et
évidemment ne la croyaient pas coupable ; et
leur opinion se fortifiera du nombre et de la
qualité de ceux qui aspirèrent ensuite à sa
main, ce qu'ils n'eussent pas fait si sa réputation eût été sérieusement entachée. En tout
cas Mme de Châtillon n'avoua jamais d'autre

sentiment que l'amitié, et les apparences furent ménagées avec tant de soin que la duchesse de Nemours, qui adorait son mari, n'eut pas de soupçons puisqu'elle ne rompit pas avec sa rivale et continua de se promener avec elle dans sa voiture, quand l'occasion s'en présentait (1)..

Mais fût-il établi qu'elle a cédé à sa passion, nous ne lui jetterions pas la première pierre, et que celles-là mêmes qui n'ont jamais failli ne le fassent pas, si elles n'ont eu à triompher d'épreuves semblables à celles que Mme de Châtillon eut à subir. Elle n'avait que vingt-trois ans, ne l'oublions pas, l'âge où la raison est à peine formée, et où les passions de la jeunesse sont dans toute leur effervescence, lorsque la mort de l'époux qui l'avait trahie la laissa seule et sans protecteur dans une société galante, et dont les usages multipliaient les occasions périlleuses, entourée d'exemples pernicieux, et assiégée par un essaim de séduisants adorateurs. Si elle ne faillit pas, ce fut un miracle, et si elle faillit, il faut lui rendre cette justice que son choix

(1) Mlle DE MONTPENSIER, *Mémoires.*

fut digne et son amour décent dans son illé-
gitimité. Mais la renommée, cette déesse aux
cent bouches, dont si peu ont charge de dire la
vérité, s'est plu à entacher davantage la vie
de la duchesse de Châtillon. On a prétendu
que dès lors Nemours ne fut pas seul posses-
seur de son cœur, et qu'elle faisait également
part de ses faveurs à son cousin Condé. Les
témoignages et les documents contraires à cette
assertion nous paraissent nombreux et probants.

Condé, redisons-le, était proche parent de
Mme de Châtillon ; elle était l'amie, là commen-
sale assidue de l'hôtel de Condé où la Princesse
douairière l'attirait par ses caresses affectueu-
ses ; il l'avait connue dès sa première enfance ;
il était tout naturel qu'il l'aimât beaucoup et
d'autant plus qu'elle était spirituelle, gaie
et empressée à être aimable. Sans doute, il
subissait cet ascendant d'une rare beauté, auquel n'échappent pas même ceux qui sont
le plus éloignés d'y rien prétendre, et son
amitié en prenait une teinte plus empressée ;
mais cela ne prouve pas qu'elle dût être in-
criminée. Comme elle était très-intelligente,
pleine de sens et d'excellent conseil, il eut

toujours confiance en elle (1) ; mais on ne peut
que s'étonner qu'on le lui ait reproché. Son
malheur fut précisément de s'être dérobé à
cette sage et douce influence. C'est pour ne
l'avoir pas suivie qu'il devint coupable, tran-
chons le mot, criminel ; car, tout en tenant
compte des circonstances qui l'ont entraîné,
il commit un crime inexcusable, le jour où il
se fit le général des armées espagnoles envahis-
sant la France. Quelque interprétation qu'on
veuille leur donner, les faits sont là pour
attester que Mme de Châtillon voulut être son
bon ange et que Mme de Longueville fut son
mauvais génie. L'une, sans intérêt sérieux que
celui de Condé et de la maison qu'elle tenait
pour la sienne, a toujours cherché à l'amener
à la paix, tant qu'il la put faire ; l'autre à
l'enfoncer plus avant dans la guerre à outrance
où il se perdit, et cela parce que cette guerre
lui permettait de vivre loin de son mari qu'elle
haïssait et craignait.

Écoutons sur les relations de Condé et de la
duchesse de Châtillon, le conseiller d'État Lenet, l'ami, le confident le plus intime du prince,

_____

(1) *Mémoires de Montpensier.*

son bras droit dans toutes ses affaires politiques et particulières, très-lié aussi avec
Mme de Châtillon, jusqu'au jour où il se trouva
en opposition avec elle, parce qu'elle voulait
la paix, et lui la guerre dans laquelle il trouvait son intérêt et une importance qu'il n'eût
pas eue sans cela. Qu'on lise ce passage qu'il
veut rendre malveillant :

« Pour revenir à la duchesse de Châtillon,
« le prince de Condé avait cru, après la mort
« du duc, être quitte de la parole qu'il avait
« gardée pendant sa vie. Il laissa agir libre-
« ment le feu qu'il avait conservé pour elle
« dans son cœur. Elle, de son côté, soit par
« réciproque, soit par la gloire d'être aimée
« d'un prince estimé et redouté de tous, soit
« par la considération de l'intérêt qui pouvait
« lui revenir de l'autorité qu'elle pourrait ac-
« quérir sur son esprit, prenait plaisir à fournir
« toute la matière nécessaire pour entretenir
« cette flamme, sans néanmoins *y en jeter*
« *trop,* de peur de l'étouffer ou de la voir
« consumer trop promptement. Elle savait
« adroitement l'attirer par de *petites faveurs,*
« et ne le rebuter pas par de violentes jalou-

« sies. Le duc de Nemours, jeune et galant,
« avait une extrême passion pour elle. On
« *disait* dans le monde qu'il était favorable-
« ment écouté ; et c'est ce qui faisait balancer
« la duchesse entre son inclination et son inté-
« rêt. Elle avait su ménager l'un et l'autre
« avant la prison ; elle les ménagea encore
« mieux tout le temps qu'elle dura, et depuis,
« jusqu'à la mort du duc de Nemours. »

Qu'on analyse avec autant de soin qu'on le
voudra les paroles de Lenet ; tout ce qu'on en
pourra tirer, c'est que le bonheur de Nemours
n'était que soupçonné, c'était un *on dit* non
prouvé, et que, pour Condé, sa part se bornait
à de *petites faveurs,* ce qui, dans une bouche
ennemie, signifie d'innocentes coquetteries et
rien de plus. Un ami n'y eût vu que le désir
naturel de plaire au héros illustre dont l'alliance et l'amitié étaient, aux yeux de tous, un
titre de gloire. Nous présenterons successivement d'autres documents prouvant qu'il en fut
longtemps ainsi, et probablement toujours.

Mme de Châtillon était à son château de
Châtillon-sur-Loing, lorsqu'elle apprit que les
Princes étaient arrêtés, et que la Princesse

douairière, après quelques jours passés aux Carmélites, s'était, par ordre de la cour, rendue à Chantilly. Elle courut la rejoindre pour mettre au service de cette cause de famille tout ce qu'elle avait de capacité et d'influence, et, malgré ses vingt-quatre ans, ce n'était pas peu de chose, car Lenet, cet *alter ego* de Condé dans tout ce qui n'était pas la guerre, comme nous venons de le dire, parti de Dijon avec la même idée, crut, au lieu d'aller directement à son but, devoir passer par Châtillon pour s'entendre avec elle. Il avait beaucoup d'habitude avec elle, dit-il, et avait toujours cultivé son amitié. Non-seulement il la tenait alors pour une des plus délicates et agréables beautés de son temps, mais encore pour une des plus habiles femmes qui se puisse rencontrer (1). Il disait « tant de bien d'elle que personne ne pouvait douter qu'il ne fût prêt à faire avec joie tout qu'elle pouvait avoir à lui proposer (2) », et ses amis faisaient chorus avec lui.

(1) LENET, *Mémoires.*
(2) Lettre de Bourguignet, agent du parti, conservée dans les papiers de Lenet. (Bibl. nat.)

Mme de Châtillon avait déjà quitté son château; Lenet prit la poste, la rejoignit entre Nemours et Fontainebleau, et ils voyagèrent ensemble, en dressant leurs plans pour la délivrance de leurs amis. A Chantilly, ils trouvèrent toute une cour. Les officiers de la maison s'étaient réunis autour des princesses, dans cette somptueuse résidence aujourd'hui détruite, sauf un pavillon et des communs, avec les dames et filles d'honneur, les femmes de ces officiers et de nombreuses amies, dont plusieurs étaient jeunes et belles. L'on y était inquiet et irrité, mais non désespéré, parce qu'on savait que Mazarin n'aurait ni l'audace ni la cruauté de verser le sang royal, et qu'après tout, on ne pouvait alors reprocher à Condé, qui avait rendu d'immenses services, que des mots désagréables pour le ministre, et une opposition non suivie de faits graves. On pleurait donc le matin, et on riait le soir; on cabalait et on s'amusait.

Avant dîner on se promenait par groupes le long des canaux, sur les pelouses, sous les grands arbres du parc. On formait un cercle autour de la Princesse qui, belle encore malgré

ses cinquante-cinq ans, enjouée, et s'intéres-
sant beaucoup aux choses de la galanterie,
racontait ses aventures de jeunesse : comment
Henri IV se travestissait pour aller la voir
passer ou assister à ses chasses, affublé d'une
perruque et d'une barbe postiche ; comment
le cardinal de la Valette et le nonce du pape,
Bentivoglio, la poursuivaient de leur amour ;
enfin tout ce qui lui paraissait bon à raconter, et
les méchants prétendaient que ce n'était pas
tout. Autant en faisaient les autres dames,
qui probablement avaient bien soin aussi de
ne pas conter leurs petites affaires à leur dés-
avantage. Après dîner, on se rendait à la
chapelle, pour y faire bien dévotement les
prières usitées. Puis on se retirait dans les
appartements de la Princesse. Là on jouait à
divers jeux ; il y avait de belles voix, on faisait
de la musique, et aussi de la littérature, des
énigmes, des bouts rimés ; mais on revenait
toujours à « ces conversations fort agréables,
« à ces récits d'intrigues de cour ou de ga-
« lanterie, qui faisaient passer la vie avec
« autant de douceur qu'il était possible à des

« gens qui partageaient fort sensiblement la
« douleur des princesses. »

On n'oubliait pas pour cela les prisonniers.
Ce n'était du matin au soir et du soir au matin
que correspondances, lettres, émissaires envoyés à Paris, en Guyenne, en Bourgogne, en
Flandre. Les dames, secondant les politiques,
n'épargnaient rien pour engager dans le parti
des princes, parents, amis et adorateurs, ceux-
là surtout, qui ne pouvaient attendre un doux
regard qu'à ce prix. En même temps, il se tenait de sérieux conseils ; mais de ceux-là on
excluait la jeunesse. Les principaux personnages en étaient la Princesse mère, Mme de Tourville (1), Lenet, et Mme de Châtillon, dans la
chambre de laquelle l'assemblée se réunissait.
C'est là que se prenaient les grandes décisions.
Mme de Châtillon y avait une influence prépon-
dérante parce que la princesse n'écoutait
qu'elle.

Dès l'origine les amis des princes furent di-
visés en deux partis, celui de la guerre, et celui des négociations. A la tête du premier

(1) Dame d'honneur de madame la Princesse.

étaient les ducs de Bouillon et de La Rochefoucauld qui soulevèrent la Guyenne, Turenne
et Mme de Longueville qui, à Stenay, s'alliè-
rent avec les Espagnols. On colorait cet acte
criminel en disant que l'Espagne ne voulait
pas faire la guerre à la France, mais en obtenir
la paix sur les conditions de laquelle les deux
nations étaient d'accord, quand Mazarin l'a-
vait fait manquer pour ses intérêts personnels.
On ajoutait que le roi d'Espagne ne voulait
surtout que délivrer la personne du roi, son neveu, détenu par le cardinal. Les partisans des
négociations disaient que l'insurrection faite
au nom des Princes aggravait leur situation
et compromettait leur vie et leur fortune. C'é-
tait le parti de la Princesse douairière ; on le
lui reprochait amèrement et on l'accusait de
timidité et d'avarice.

Ce que les belliqueux voulaient d'elle, en
effet, c'était de l'argent ; car c'était elle qui
possédait tous les biens de la famille. Le feu
prince de Condé, son mari, était premier prince
du sang, mais il était encore plus gueux que son
cousin le Béarnais. On prétendait qu'il n'avait

pas plus de dix mille livres de rente (1). Les
grandes terres qui devinrent ensuite celles de
la maison de Condé, Chantilly, Montmorency,
Écouen, Valery, et tant d'autres, appartenaient
à la Princesse qui ne donnait à ses enfants que
ce qu'elle voulait. Or, elle ne voulait rien donner pour la guerre, qu'elle désapprouvait.
Mme de Châtillon lui avait inspiré cette réso-
lution qui était sage, on le vit bien. Le parti de
la guerre échoua misérablement, et Bordeaux,
son boulevard, s'estima heureux de recevoir le
roi avec l'amnistie imposée à la cour par le
duc d'Orléans, qu'avait déjà ébranlé le travail
du parti des négociations.

Pourtant il fallut quitter cette résidence
quasi royale de Chantilly. Mme la Princesse,
la jeune, s'était enfuie avec le duc d'Enghien,
dans la crainte d'être arrêtée ; la cour trouvait
la Princesse douairière trop près de Paris ;
elle demanda un asile à Mme de Châtillon qui
lui offrit l'hospitalité à Châtillon-sur-Loing,
dans le vaste et sombre château des Coligny.
La cour de la princesse y fut petite, car ceux

(1) Tallemant des Réaux.

qui l'entouraient à Chantilly s'étaient dispersés. Elle se composait de Mme de Châtillon, de Mme de Bourgneuf, gouvernante des enfants de Mme de Longueville, de l'abbé de Cambiac, de l'abbé Roquette, de Delmas, écuyer, et de quelques valets. Là, plus rien des plaisirs de Chantilly ; on s'occupait exclusivement de la liberté des princes, et de négocier avec tous ceux qu'on croyait pouvoir y contribuer. Delmas et Roquette couraient de Châtillon à Paris et de Paris à Châtillon ; Mme de Châtillon voyageait aussi : elle fit plusieurs voyages à Montrond pour s'entendre avec la jeune princesse de Condé, et avec ceux qui conduisaient la guerre.

Les grandes distractions étaient les retours de Roquette apportant les lettres des amis de Paris, et entre autres celles du duc de Nemours pour la duchesse, et c'est alors seulement que Lenet apprit leurs amours, ce qui prouve qu'ils ne faisaient pas beaucoup de bruit encore. L'actif Lenet était en effet venu après la reddition de Bordeaux à Châtillon, en ambassade auprès de la Princesse. Il espérait l'engager à se mettre à la tête d'un grand soulèvement, et à fournir l'argent nécessaire

pour organiser et recommencer la guerre. Mais
la Princesse s'y refusa nettement, elle déclara
même qu'elle voulait que sa place forte de
Montrond acceptât la paix de Bordeaux, et
ne servît pas plus longtemps de place de
guerre à la rebellion. « On rasera ma place,
« disait-elle, seul refuge de mes enfants, on
« m'emprisonnera, et on confisquera mes
« biens, ce qui ruinera les Princes sans leur
« servir à rien. Je conserve tout en observant la
« neutralité. » Que ce raisonnement fût ou non
venu naturellement à la princesse, Lenet s'en
prit à Mme de Châtillon qui avait applaudi
« avec mille minauderies » son discours. C'est
de là qu'il commence à lui être hostile parce
qu'il la considère comme ayant fait manquer
cette négociation par laquelle il prétendait se
signaler. Selon lui, toute la maison subissait
l'influence de Mme de Châtillon. L'abbé Roquette lui était dévoué, et encore plus l'abbé
de Cambiac, jeune prêtre remuant et insinuant,
par les conseils duquel la Princesse se gouvernait, et qui était « dans le plus intime secret
de la duchesse ». Au fond, et Lenet l'avoue,
l'avis était si bon qu'il était celui des meil-

leurs amis des Princes, tant à Paris qu'à Châtillon.

Ceci se passait en octobre 1650. Lenet avait trouvé la Princesse dans une santé parfaite, et « l'espoir de voir ses fils en liberté ajoutait « un si vif éclat à la beauté qu'elle avait con- « servée malgré les ans et l'affliction, qu'il se- « rait malaisé de l'exprimer ». Trois semaines après, elle tombait gravement malade. Mme de Châtillon la soigna comme une fille soigne sa mère. Deux lettres d'elle à Lenet, en lequel elle ne voyait ou ne voulait pas voir un ennemi, nous donnent la mesure des sentiments qu'elle éprouva en voyant mourir celle à laquelle elle s'était attachée et qui la payait d'une si tendre affection.

9 nove nbre 1650 (1).

« J'ai reçu vos deux lettres, et dès que cette pauvre femme a eu un moment de relâche, ce qui est très-rare, je lui ai témoigné votre déplaisir qui est bien juste ; car l'on ne saurait

---

(1) Lettres conservées dans les portefeuilles de Lenet à la Bibliothèque.

4.

jamais être plus mal qu'elle est. Pour moi je
ne doute point que je ne devienne tout au
moins folle de cette affaire icy. Car en vérité
je ne sais ce que je fais. Je souhaite fort qu'on
accorde à Mme la Princesse la permission de
revenir ici. J'ay envoyé à Fontainebleau demander M. Vatier à la reine, et après il leur
pourra dire une chose que M. le C..... doute
qui est de la maladie de Madame. Pour moi,
tout ce que je puis est de prier Dieu de nous
la conserver, et si cela est c'est un vray miracle. L'on m'assura hier que le courrier que
vous avez envoyé à la cour a été tout à fait
volé. M. le duc d'Orléans a envoyé ici, M. de
Beaufort et quasi toute la France. Il ne se
passe pas de jours que je n'écrive deux cents
lettres, et que je ne verse un seau de larmes.
Après cela ne vous étonnez pas si je ne sais
ce que je dis, et croyez que rien ne me peut
empêcher d'être toute ma vie votre très-humble
servante.

« Isabelle de Montmorency.

« Si M. de Coligny est avec vous, faites-lui
mes compliments et à tous ceux de ma con-

naissance, mais surtout à Mlle Gerbier et autres. »

Huit jours après, elle écrivait encore :

16 novembre 1650.

Vous ne vous scandaliserez pas si je n'écris pas de ma main. Je suis si accablée qu'à peine me puis-je remuer, et je suis obligée d'écrire de ma main à tant de personnes qui ne trouveraient peut-être bon que je me soulageasse sur quelqu'un, qu'il faut que je me serve de l'amitié que vous avez pour moi afin que vous vouliez bien que j'en use autrement avec vous. Depuis la maladie de Madame, nous n'avons aucune nouvelle à écrire que celles de l'état où elle se trouve. Maintenant nous espérons qu'elle se portera parfaitement bien, car elle n'a presque plus de fièvre, et tous les accidents fâcheux qui nous ont bien fait craindre sont passés, grâce à Dieu. Dès qu'elle sera assez forte pour faire le voyage, nous irons à Chantilly. Je souhaite pour sa satisfaction que ce soit bientôt, car les médecins disent que l'air de Châtillon ne lui est point bon. Je désire bien fort que celui de Montrond vous soit ex-

cellent, et aussi bon que vous le souhaite une
personne qui vous estime autant que moi. »

De nouvelles lettres informèrent la princesse
de Condé des progrès de la maladie de sa belle-
mère et elle jugea à propos d'envoyer de Montrond à Châtillon, Lenet, pour « veiller aux intérêts de son mari et empêcher, si elle venait à
mourir, que ses pierreries, son argent et les
meubles qu'elle avait là ne fussent divertis (1) ».
Le conseiller d'État se rendit donc à Châtillon
où il employa les derniers jours de la princesse
à négocier avec Mme de Châtillon et à contrac-
ter avec elle une étroite alliance, offensive et
défensive, pour tout ce qui regardait leurs intérêts personnels. Or cette alliance n'était pas
très-sincère et chacun se réservait en lui-même
de ne l'observer qu'autant que l'avantage de
son parti le permettrait. Tous deux le savaient
bien, l'une étant aussi zélée pour le parti de
la paix que l'autre pour le parti de la guerre.
L'adroit agent de Condé était assez fin pour
le deviner; mais on le lui avait appris. Mme de

(1) LENET, Projet d'histoire du prince de Condé inachevé et
faisant partie de ses manuscrits à la Bibl. nationale. Publié
partiellement dans la collection Michaud et Poujoulat.

Bourgneuf, gouvernante des jeunes de Longueville, qui était là et y jalousait fort l'influence
de Mme de Châtillon, lui avait révélé l'exis-
tence du « *grand commerce* ». On appelait
ainsi dans la maison une série de négociations
entre la douairière et Nemours, le président
Viole, la princesse Palatine, Arnault et autres
qui se faisaient par l'entremise de Mme de
Châtillon et de l'abbé de Cambiac. Le but était
d'arriver à un accommodement avec la cour pour
la liberté des Princes et on le cachait à la
jeune princesse de Condé, à Mme de Longueville, au duc de Bouillon, à Turenne, à La-
rochefoucauld, à tous ceux, en un mot, du parti
de la guerre, et Mme de Châtillon se gardait
bien d'en dire mot à Lenet.

Celui-ci rapprochait cela d'un incident de
son dernier voyage : la Princesse douairière
le chargeait de nombreuses commissions pour
Paris, et, comme il avait oublié son carnet à
Montrond, il pria Cambiac de lui en prêter un.
Le papier et les papetiers étant rares alors à
Châtillon, l'abbé donna le sien. En ce temps-
là ceux qui avaient la prétention d'être *habiles en intrigue*, on dirait maintenant d'être

de grands politiques, avaient de ces sortes
d'agendas dont les indéchiffrables carnets de
Mazarin, partiellement publiés, nous ont révélé l'usage. On y notait d'avance son plan de
campagne pour chaque occasion, ce que l'on se
proposait de faire et de dire ; on marquait
même les expressions dont on voulait se servir
afin que la langue ne trahît pas la pensée. Tel
était le carnet de Cambiac, et comme une ou
deux pages étaient remplies, il en avait préa-
lablement effacé l'écriture. Malheureusement
il était myope et ne vit pas qu'il en restait des
traces assez apparentes pour qu'on pût distinguer des phrases comme celles-ci : Faut avertir
les amis de ne pas découvrir à Lenet le grand
commerce. — Faut essayer de brouiller Lenet
avec Nemours. — Faut empêcher Lenet de
s'unir avec Montreuil.

On disait que Cambiac, tout prêtre qu'il
était, n'avait pu se défendre des beaux yeux
de l'irrésistible duchesse, et qu'il en était
amoureux comme tous ceux qui l'appro-
chaient (1). Mais, amoureux ou non, il était

(1) Bussy ne prétend-il pas, dans ses Mémoires, un peu plus
véridiques que l'*Histoire des Gaules*, que l'archevêque de

intrigant et ambitieux, et il trouvait son compte
à rester seul l'agent de si grandes affaires ;
c'est pourquoi il ne voulait pas se laisser supplanter par Lenet dans leur gestion. La duchesse était en partie innocente des plans de
son confident, la phrase sur Nemours le prou-
vait bien ; mais Lenet n'en fut pas moins très
dépité de ce qu'elle les suivait pour ce qui regardait *le grand commerce,* et de ce qu'elle avait
manqué à la confiance promise en le lui cé-
lant. Elle n'avait pas tort pourtant, car, du
parti dont il était, elle savait bien qu'il ferait
tout son possible pour l'entraver et il le fit en
effet.

A partir de ce moment, sans que le traité
fût rompu ostensiblement, chacun des alliés
suivit sa voie, l'une poussant toujours à la
paix, l'autre à la guerre, sans pour cela chercher à se nuire l'un à l'autre ; mais dès lors
Lenet cesse d'être l'homme qu'on entendait
« dire tant de bien de Mᵐᵉ de Châtillon, »

Sens, Louis-Henri de Gondrin, qui vint à Châtillon porter
les derniers sacrements à Mᵐᵉ la Princesse, devint aussi
amoureux de Mᵐᵉ de Châtillon, et se mit pour cela du parti
des Princes.

et il n'en parle plus qu'avec une certaine malveillance. Cependant ce n'est pas un Bussy, il ne calomnie pas, il ne dit que ce qu'il sait ; mais il le dit d'un ton hostile.

C'est ainsi qu'il ne voit qu'affectation dans la douleur de la duchesse auprès du lit de sa protectrice mourante, et il en donne pour preuve qu'elle lui a parlé d'avance de ce que la princesse devait faire pour elle dans son testament en le priant de disposer la princesse de Condé à n'y point faire d'opposition. Comme s'il n'était pas dans la nature humaine d'aimer sincèrement et de regretter un mourant, tout en étant bien aise d'en recevoir un legs important ! Nous verrons plus loin, lorsque Mme de Châtillon sacrifiera tous ses intérêts et tous ses goûts pour ne pas abandonner Condé malheureux, qui la jugeait le mieux de la Princesse douairière ou de Lenet.

Madame la Princesse, en effet, mourant (1) dans les sentiments les plus beaux et les plus chrétiens qu'il est possible de voir, dit Mademoiselle, ne voulut pas quitter ce monde sans laisser un souvenir de son affection à

(1) 2 décembre 1650.

celle qui lui avait montré tant de dévouement à elle et à sa famille. Comme elle
savait que Mme de Châtillon trouvait son château triste et trop loin de Paris, car, par les
routes du temps, il ne fallait pas moins de
quatre jours pour s'y rendre, elle lui donna
un jour par son testament la jouissance de la
baronnie de Merlou, près Creil, à douze lieues
et à un jour de Paris : un charmant castel féo-
dal, flanqué de deux grosses tours à machi-
coulis et de nombreuses tourelles à poivrière,
dont Israël Sylvestre nous a conservé le dessin.
Une terre de vingt mille livres de rente l'entourait. De plus, comme la princesse savait le
goût de la coquette duchesse pour les pierreries, elle joignit à ce don celui d'une quantité
de bijoux choisis entre ses plus beaux.

C'était un beau cadeau ; mais c'était peu,
comme le fait remarquer Mademoiselle, qu'une
propriété de vingt mille livres de rente, pro-
portionnellement aux immenses terres de la
mourante, ajoutant même qu'elle eût dû mieux
faire les choses et laisser la propriété avec la
jouissance. Quant à Condé, non seulement il

5

approuva la générosité de sa mère, mais il
voulut la manifester par l'empressement qu'il
mit à faire exécuter ses volontés.

A ce sujet Lenet nous a conservé un inté-
ressant extrait de lettre qu'il avait copié pour
la faire servir à son histoire de Condé. Il y a
laissé aux personnages, sauf à Mme de Châtillon, leur nom de guerre. Comme en ces
troubles, les courriers étaient forts sujets à
être arrêtés, les lettres d'une importance capitale étaient écrites en chiffres. Les portefeuilles de Lenet contiennent ainsi toute une
correspondance de Condé qui sera d'un haut
intérêt si l'on parvient à la déchiffrer. Les auteurs des autres lettres se bornent à se distinguer les uns des autres par des pseudo-
nymes convenus. Chacun en a plusieurs pour
mieux dépister les curieux. Condé est Artamène ou 36 ; Mme de Châtillon, la rose ou 24 ;
Mme de Longueville, le rubis, Diane, 49 ;
Nemours 47 et, sans doute, Brutus ; le duc
d'Orléans, 35 ; Paris, 64 ; le cardinal Mazarin, la bergère. Heureusement Lenet, qui est
la truite ou la morue, a eu peur de ne plus

s'y reconnaître lui-même, et il a ajouté de sa
main l'explication à quelques-unes des lettres
qu'il recevait.

Extrait d'une lettre d'Artamène du 2 janvier 1651.

« Témoignez bien à nos amis notre reconnaissance et surtout à Brutus (1), à qui nous de-
vons tout. Dites-lui que j'ai donné ordre
aux sieurs Ferrand et Lavocat d'ajuster les
choses avec Mme de Châtillon en sorte qu'elle
ait tout ce que Madame lui a donné, et que
cela n'embarrasse pas notre accommodement de
mon frère et de moi. Voyez les mêmes là-dessus pour qu'elle puisse en être au plus tôt en
possession, et avec honneur. J'attends leur réponse pour répondre à ma femme de lui envoyer les pierreries, et eux donneront ordre
pour Merlou et les meubles. Assurez bien
Mme de Châtillon de notre service et priez-la

(1) Lenet n'indique pas qui 'est Brutus; mais il ne peut
être ici question que de Nemours qui venait d'organiser une
conjuration pour la délivrance des princes pendant leur
transport de Vincennes au Havre, et était en ce moment l'un
des plus actifs négociateurs de leur liberté. Lui seul pouvait
prendre intérêt à ce que Mme de Châtillon reçût ce que la
princesse lui avait laissé.

de nous vouloir écrire souvent ; ce nous sera une grande consolation. »

Ce qui fait pour nous l'intérêt de cette lettre, c'est qu'elle est la seule où Condé parle de Mme de Châtillon. Elle nous fait connaître ses sentiments pour elle à cette époque, qui sont ceux d'un homme plein d'estime, de respectueuse et reconnaissante affection, non d'un amant. Il semble même qu'en accomplissant si gracieusement les prescriptions testamentaires de la Princesse sa mère, il pense surtout à être agréable à Nemours qui allait signer, quelques jours plus tard, les traités qui ouvrirent aux princes les portes de leur prison.

Deux mois après la mort de la Princesse douairière, vers le commencement de février 1651, Mme de Châtillon se rendit à Montrond pour y recevoir les pierreries qui lui étaient léguées et aussi avec l'intention de s'y établir auprès de la princesse de Condé. Elle craignait de n'être plus en sûreté à Châtillon si les négociations pour la liberté des princes n'aboutissaient pas, et si la guerre venait à éclater, elle espérait trouver un refuge dans la place formidablement fortifiée de Montrond.

Mais un incident changea ses plans et lui fit voir qu'elle y était en pays ennemi.

On sait que les princes de Condé furent presque tous mal partagés en femmes : Claire-Clémence de Maillé n'y fit point exception. Il est vrai que Condé la traitait assez mal. Il l'avait épousée très-jeune et malgré lui, parce qu'elle était nièce du cardinal de Richelieu ; il avait ensuite voulu faire rompre ce mariage pour épouser Mlle du Vigean, comme nous l'avons dit, et s'était toujours beaucoup occupé d'autres femmes et peu de la sienne qu'il détestait. Celle-ci le payait de retour, et, après beaucoup d'aventures fut enfin surprise avec un page du nom de Rabutin ; si bien que Condé la fit enfermer à Châteauroux où elle resta jusqu'à la fin de ses jours. Ses dames se modelaient sur leur maîtresse, en sorte que nous pouvons en croire Coligny-Saligny (1), témoin oculaire, lorsqu'il dépeint ainsi la petite cour de cette princesse : « La

(1) Parent des Coligny-Châtillon dont parle la duchesse à la fin d'une lettre que nous avons citée plus haut. Ses Mémoires ont été récemment publiés par la Société de l'Histoire de France.

Princesse était coquette, madame de Gouville (1) l'était beaucoup plus, les filles d'honneur n'en avaient que le nom pour la plupart. »
Et il ajoute : « Le marquis de Cessac s'atta-
cha à Mme la Princesse, ou plutôt la Princesse
à lui, car il faut que ces dames-là fassent
plus de la moitié du chemin. Comme elle n'é-
tait pas fournie d'un grand esprit, ce défaut
et la passion lui firent faire tant de minauderies indiscrètes que tout le monde connut aisément ses affaires. »

Beaucoup d'hommes de guerre étaient là, et
des plus galants ; en sorte que toutes ces beautés
ne furent que médiocrement flattées de voir
arriver celle qui allait les éclipser toutes.
Mme de Longueville y était aussi, qui, malgré
la paix faite pour la circonstance avec Mme de
Châtillon, ne laissait pas de la détester de
tout son cœur. Voici l'incident comme l'a noté
sommairement Lenet pour son projet d'histoire du prince Condé, se réservant de le
détailler plus tard, ce qu'il n'a pas fait :
« La duchesse de Châtillon me mande qu'elle

(1) Dame d'honneur de Mme la Princesse et fille de Mme de
Tourville, dame d'honneur de la Princesse douairière.

vient à Montrond, et pourquoi. — Je vais la recevoir à Bourges. — Pendant mon absence, la Princesse intercepte et ouvre un paquet de Nemours qui s'adressait à moi ; lit une lettre qu'il me chargeait de remettre à Mme de Châtillon, par le conseil de Mme de Gouville. — Affliction de la duchesse. — Qui lui fait changer le dessein qu'elle avait de faire un long séjour à Montrond. — Je la raccommode avec la Princesse. — Qui lui donne les pierreries mentionnées au testament de la douairière par ordre du Prince (1). »

Ces pierreries étaient très belles et d'un très grand prix (2) ; aussi Mme la Princesse eût-elle bien mieux aimé les garder pour elle, et la nécessité de les remettre n'augmentait-elle pas sa bonne volonté pour la duchesse ; mais ceci n'excuse pas l'acte que lui fit commettre sa curiosité surexcitée par Mme de Gouville, de savoir ce qui se passait réellement entre le duc de Nemours et Mme de Châ-

---

(1) *Manuscrits de Lenet*, t. I, p. 85.

(2) Avant l'ouverture du testament, Mme de Bourgneuf disait à Lenet être informée qu'il y en avait pour cent mille écus.

tillon, et justifie l'affliction, ou, pour mieux
dire, l'indignation de celle-ci en apprenant la
violation du secret de sa lettre. Nous aussi,
nous voudrions bien en connaître le contenu;
mais il faut nous contenter d'inductions. Lenet
nous dit que toutes les négociations de la duchesse passaient par les mains de Nemours et
de Viole, et il ajoute : « De sorte que les
poulets de part et d'autre étaient partagés de
douceurs et d'affaires d'État. » Or, « de part
et d'autre » est une supposition ; car, apparemment, Nemours ne lui montrait pas les lettres
de la duchesse ; celle-ci ne lui montrait pas
celles de Nemours, puisqu'elle lui cachait « le
grand commerce ». Il n'a donc connu que la
lettre ouverte à Montrond par la Princesse;
c'est sur elle que s'est faite son opinion, et si
les *douceurs* avaient prouvé la culpabilité des
amours de Nemours et de Mme de Châtillon, il
n'eût pas manqué de le dire nettement au lieu
de parler toujours du ton d'un homme qui ne
sait jusqu'où les choses ont été (1).

(1) Une autre preuve que la lettre n'était pas bien com-
promettante est que Mme de Châtillon n'en voulut pas longtemps à Mme de Gouville : la perle , présentement bonne

L'histoire de la lettre fut portée à Paris, et évidemment par les amis de Mme la Princesse : Conrart (1) l'y a entendu raconter, arrangée à l'avantage de cette dernière : cette lettre sans adresse aurait été ouverte involontairement et Mme de Châtillon l'aurait refusée en disant qu'elle ne savait ce que c'était et qu'elle n'était pas pour elle. La vraie version est nécessairement celle de Lenet qui était là et a noté l'aventure pour ne pas l'oublier. « La vérité est toutefois, conclut Conrart, qu'il y avait *quelque galanterie* entre lui et elle, et l'on était bien aise à la cour de draper la duchesse qui faisait la prude et la sévère plus qu'aucune autre dame. »

Si l'on veut peser les mots, cette expression « quelque galanterie » et celles qui suivent, signifient qu'aux yeux de Conrart, contemporain désintéressé dans la question, la liaison de Nemours et de Mme de Châtillon n'était pas telle qu'on pût, sans malice, en faire grand reproche à celle-ci qui, dans sa tenue, affectait

amie de la rose.... écrit six mois après (9 août) Bourguignet à Lenet.

(1) *Mémoires de V. Conrart.*

d'ailleurs un peu plus de retenue et de sévérité qu'il n'était nécessaire.

La Princesse fut bien obligée de remettre à la duchesse ses pierreries : les ordres de Condé étaient aussi précis sur ce sujet que le testament de sa mère. Mais une lettre que nous insérerons plus loin semble indiquer que malgré la réconciliation pratiquée par Lenet, elle lui garda rancune, cessa presque tout rapport avec elle, et ne répondit même plus à ses lettres. Mme de Châtillon, au contraire, affichait un oubli complet de tout ressentiment : « Je suis bien assurée, écrit-elle à Lenet en se plaignant du peu d'empressement de la Princesse à lui répondre, que personne n'est plus à elle que moi. » Néanmoins, elle ne resta à Montrond que trois jours (1), et s'en alla prendre possession de Merlou.

La lettre de Nemours annonçait d'ailleurs à Mme de Châtillon que ce fameux « grand commerce » auquel elle travaillait avec tant d'ardeur venait enfin de porter ses fruits. Trois traités avaient été définitivement signés le

_____

(1) Lettre de Lenet à Mme de Longueville, du 17 février 1651.

30 janvier entre tous ceux qui y avaient pris
part (1), et le soir même, la Reine avait déclaré que les Princes allaient être mis en liberté. « Vous êtes heureux, vous autres Espagnols, disait Mazarin à l'ambassadeur don
Louis de Haro, quand vos femmes ont un galant et de l'argent pour leur toilette, elles ne
demandent plus rien ; pour les Françaises, il
leur faut encore, pour être heureuses, qu'elles
troublent l'État du matin au soir. » Il n'est
pas douteux en effet, pour qui veut aller au
fond des choses, que beaucoup des mouvements
de cette époque agitée n'aient été dirigés par
un petit nombre de femmes, qui, pénétrant les
goûts, les passions, les intérêts des chefs, et
aussi les sentiments des diverses classes de la
société, les mirent en jeu, avec une singu-
lière habileté. Mazarin, qui s'en plaignait lorsqu'il les eut contre lui, en avait largement usé.
C'est par elles qu'il avait isolé Condé des
frondeurs et du duc d'Orléans et qu'il l'avait
rendu odieux au public, ce qui lui avait permis

(1) Tous trois sont signés pour les princes, par Nemours, le président Viole, Arnault, et la princesse Palatine.
Portefeuille du P. de Condé, 6731, f. f., Bib. nat.

de le faire arrêter. Ce furent elles qui retour-
nèrent tout cela contre lui.

Nous ne raconterons pas les manœuvres qui
les conduisirent à ce but. Nulle autre part on
ne peut rencontrer une pareille succession de
cabales et d'intrigues de toute sorte. Un vo-
lume entier des mémoires de Retz y est con-
sacré, on en ferait un autre des détails qu'il
oublie et que nous donnent les contemporains.
Nous exposerons seulement les résultats.
C'est, nous l'avons dit, Mme de Châtillon qui
avait réconcilié Nemours et Condé. Brouillés
pour des affaires de préséance, le premier ou-
blia tout pour suivre celle qu'il aimait. Elle
disposait aussi du P^t Viole, une des grandes
influences du parlement. Mme de Montbazon
fit entrer Beaufort dans le parti; c'était une
importante recrue, car la populace entière était
à ses ordres. Mme de Chevreuse avait perdu
sa beauté; mais il lui restait son esprit et la
beauté de sa fille. Elle dominait le vieux Châ-
teauneuf, qu'une partie du parlement voulait
voir ministre, et le coadjuteur qui aimait ten-
drement Mlle de Chevreuse, et aspirait au car-
dinalat. Elle le prit par là. Mme de Chevreuse

elle-même avait été gagnée par la princesse
Palatine, qui voulait, par l'amitié des princes,
rétablir à la cour sa position compromise par
ses aventures. La Rochefoucault se mêla de tout,
muni d'un plein pouvoir de Mme de Longueville, qui avait fait une paix provisoire avec
Mme de Châtillon. Enfin Mme de Chevreuse,
la princesse Palatine, le coadjuteur, et Châ-
teauneuf circonvinrent si bien le duc d'Orléans,
aidés par sa fille, Mademoiselle, qu'ils le firent
changer entièrement de parti.

Dans les traités par lesquels on se lia, le
jeune duc d'Enghien, fils de Condé, épousait
une fille du duc d'Orléans; le prince de Conti,
Mlle de Chevreuse. Le coadjuteur recevait le
chapeau de cardinal, et les Princes avaient
des gouvernements. En même temps par les
curés du coadjuteur, par Marigny et les autres libellistes, *Dame Anne* et le Mazarin
avaient été si bien noircis et diffamés, les
princes si bien glorifiés, qu'en moins de quelques mois, le même peuple qui avait fait des
feux de joie pour l'arrestation de Condé, ne
cria plus que Vive le Roi! Vivent les Princes et

foin du Mazarin! Qui eût parlé autrement était
sûr d'être assommé.

Il n'était pas possible de résister à cette
coalition. Mazarin voulut aller lui-même délivrer les Princes, pensant bien traiter avec
Condé; mais une année de captivité n'avait
pas adouci celui-ci; Mazarin n'en put tirer
que ces mots, dits d'un ton railleur et mena-
çant : Adieu, monsieur le cardinal Mazarin.
Mazarin prit donc le chemin de l'exil, et il y
fût resté certainement, si les coalisés se fussent mutuellement tenu leurs promesses.

Ce fut de quoi chacun se soucia le moins,
les Princes les premiers, qui rompirent bru-
talement le mariage avec Mlle de Chevreuse
en prenant pour prétexte que sa vertu n'était
pas suffisamment à l'abri du soupçon. Immédiatement frondeurs et frondeuses se rejetè-
rent du côté de la Reine et, moyennant le fameux chapeau de cardinal du coadjuteur, celle-
ci se vit en état de recommencer une guerre
à la fin de laquelle elle entrevoyait le retour
de « ce pauvre Monsieur le Cardinal. »

Ce n'était pas là ce que Mme de Châtillon

avait espéré ; sa lettre à Lenet du 8 juillet le montre bien : « J'ai fait tenir le billet que vous m'avez envoyé, et j'ai rendu votre lettre de justification, à quoi l'on ne fait pas de réponse parce que l'on n'écrit pas en ce pays-ci. L'on est fort revenue du premier mouvement ; mais l'on dit que vous avez tort de n'avoir pas mandé d'abord la vue de la personne que vous savez. Je ne perds guère d'occasion de faire mon devoir sur ce qui vous regarde. Il est inutile, ce me semble, que je le dise plus d'une fois ; car quand l'on se l'est promis, on y est obligé. Je vous supplie de me mander pourquoi Mme la Princesse ne m'a pas fait la moindre recommandation depuis que je n'ai eu l'honneur de la voir. Je lui ai écrit quatre ou cinq fois et suis bien assurée que personne n'est plus à elle que moi. X... (1) vous mandera tout le vacarme que nos députés ont fait, c'est pourquoi je ne vous en dirai rien. Mon bon ami a fait des merveilles. Je prie Dieu que cela fasse quelque bon effet, et que nous nous revoyions tous ensemble dans ce lieu icy, où je

(1) Nom illisible.

vous souhaite, et tous nos bons amis dont je
mets du nombre M. de Mazerolles. »

On voit là en même temps quelle part active Mme de Châtillon avait aux affaires et
quelle suite elle en espérait : se revoir bientôt
tous ensemble, heureux et tranquilles, à Paris;
car c'est à Paris qu'elle se plaisait. Non pas
seulement pour les plaisirs qu'elle trouvait
dans l'amour du duc de Nemours, comme le
prétend Lenet, mais parce qu'elle aimait pour
eux-mêmes les bals, les fêtes, les réunions de
toute sorte, où elle régnait sans rivale. Elle
aimait cette foule de brillants cavaliers qui
l'entouraient, faisant voir par leurs galantes
attentions et leurs regards admirateurs, qu'ils
subissaient l'éclat vainqueur de ses charmes.
Elles n'aimait pas moins l'enthousiasme des
dames, s'extasiant sur ses savantes toilettes,
sur la beauté de ses pierreries. Tout ce qui
constitue le luxe lui était cher : meubles magnifiques, équipages, livrées splendides; nous
avons déjà vu que ce fut un de ses sujets de
querelles avec son mari. La partie de sa vie
que n'absorbaient pas les visites et les affaires
politiques, elle l'employait à préparer ses triom-

phes en courant les magasins et les boutiques ;
c'était alors comme aujourd'hui la vie d'une
mondaine élégante. Et n'était-ce pas de son
âge ? elle n'avait pas ving-cinq ans !

Lorsqu'elle écrivait la lettre que nous venons de citer, Condé, Conty, Mme de Longueville et le duc de Bouillon étaient déjà, depuis
deux jours, partis pour Saint-Maur, d'où les
Princes ne revenaient que pour les séances du
parlement et assez bien accompagnés pour ne
pas courir le risque d'un nouvel emprisonne-
ment. Le 30 juillet, Condé envoya sa femme,
ses enfants et Mme de Longueville à Montrond ;
deux mois après il allait lui-même les rejoindre avec le duc de Nemours en ce moment
plein d'ardeur pour la guerre, et, si l'on en
veut croire la Rochefoucauld, voici pourquoi.
Rentrée à Paris, après avoir pris possession
de Merlou, Mme de Châtillon avait assisté à
toutes les cabales dont résultait la nouvelle
guerre civile, et, comme nous l'avons vu, en
avait pris sa bonne part.

Encore en deuil de la Princesse, sa bienfaitrice, « elle ne sortait pas et ne s'habillait
pas, » dit Mademoiselle, c'est-à-dire qu'elle

n'allait ni aux bals ni aux fêtes; mais elle
recevait ses amis. Le duc d'Anville, entre autres, y était très-assidu : ce « pauvre Brion »
qui avait eu tant de chagrin quand sa cousine
avait été enlevée par le duc de Châtillon. Il
s'était marié depuis; mais sa femme se mourait et, dit Loret :

> C'est déjà le bruit de la ville
> Qu'on donne audit M. d'Anville,
> Non pas Mme d'Aiguillon,
> Mais Mme de Châtillon,
> La plus mignonne en apparence
> De toutes les veuves de France.

Il était écrit que les rêves de bonheur du
duc d'Anville ne se réaliseraient jamais. Le
duc de Nemours n'était pas moins assidu;
mais Condé l'était encore plus, et c'est là ce
qui désolait Nemours; c'est pour cela qu'il
voulait envoyer Condé à la guerre, quitte à l'y
suivre, aimant mieux être lui-même privé de
la vue de celle qu'il aimait que de voir sans
cesse auprès d'elle le rival qu'il redoutait.
Pourtant Mme de Châtillon continuait à se
maintenir entre eux comme elle avait toujours
fait. Son amitié répondait à l'amitié de Condé,

sans beaucoup se scandaliser ni la rebuter
quand celle-ci se colorait de nuances un peu
plus vives; elle accueillait de même, avec la
meilleure grâce du monde, l'amour déclaré de
Nemours; mais sans se départir de son sys-
tème, « fournir toute la matière nécessaire pour
entretenir la flamme, sans en jeter trop de
peur de la voir se consumer trop promptement (1). » Les suites de l'aventure de Nemours et de Mme de Longueville semblent en
fournir la preuve.

Condé avait été en Berry pour y soulever
Bourges, puis il était parti pour Bordeaux
afin d'y prendre la direction de la guerre de
Guyenne, laissant à Bourges Conti, Nemours
et Mme de Longueville ; mais une armée royale
trop forte pour que ces princes puissent tenir
la campagne devant elle s'était dirigée sur
cette ville. Ils avaient, alors, sur l'ordre de
Condé, pris le parti de jeter dans Montrond la
plus grande partie de leurs forces et de gagner
eux-mêmes Bordeaux avec sept cents chevaux.
Le comte de Palluau, qui commandait pour
le Roi, se mit à leur poursuite, et ils ne purent

(1) Voir plus haut, p. 55.

lui échapper qu'en faisant « quatre-vingt-qua-
tre lieues de marche, sans se reposer que deux
heures de quinze heures en quinze heures (1). »
Il paraît que pour cette fatigante expédition,
Mme de Longueville avait pris un habit
d'homme, soit qu'elle le trouvât plus commode,
soit plutôt qu'il lui permît de s'enfuir au besoin, sans trop attirer l'attention de l'ennemi.

> Elle avait un justaucorps noir
> Près lequel il faisait beau voir
> L'extrême blancheur du visage,

dit Loret, qui ajoute :

> Je crois que la belle guerrière
> Eût mieux aimé coche ou litière;
> Mais on n'a pas ce que l'on veut
> Quand on joue à sauve-qui-peut.

Elle reprit un carrosse cependant aussitôt
qu'il n'y eut plus de danger d'être atteint
par les troupes royales; car, à Bélat, petite
ville de la marche de Limousin, les habitants
« tirèrent des coups de mousquet au travers

---

(1) Mémoire justificatif de la conduite du P. de Conti. Ma-
nuscrit de Sarrazin, secrétaire de ce prince, faisant partie du
portefeuille du P. de Condé. Bib. nat.

de ce carrosse. Le prince de Conti fut obligé
de faire mettre pied à terre aux gendarmes et
aux chevau-légers qui l'accompagnaient, et,
se mettant à leur tête aveo M. de Nemours,
il se résolut d'emporter Bélat (1). » Ce voyant
les habitants demandèrent pardon et menè-
rent à la potence ceux qui avaient tiré. Le
prince de Conti leur fit grâce, puis ayant fait
leur jonction avec les troupes du prince de
Condé, tous se rendirent à Bordeaux, où Nemours resta quelques jours seulement, après
lesquels il fut envoyé en Flandres par Condé
pour recevoir des troupes fournies par l'Espagne.

Ce fut pendant ce voyage et ces quelques
jours que Nemours, l'occasion s'y prêtant,
se donna la distraction de faire la cour à
Mme de Longueville, qui naturellement l'ac-
cueillit de son mieux, heureuse de faire pièce
à son ennemie en lui enlevant « le plus considérable de ses adorateurs ». Jusqu'où cela
alla, Dieu seul le sait; mais les gens du prince
de Conti, gagnés par les agents de Mazarin (2),

(1) SARRAZIN, mémoire cité plus haut.
(2) LA ROCHEFOUCAULD, *Mémoires.*

dont, malgré son exil, la main était toujours partout prête à saisir toutes les occasions de jeter la discorde chez ses adversaires; firent entendre à ce prince que cela avait été très-loin. Celui-ci qui « ne cachait pas la passion honteuse et ridicule dont il voulait qu'on le crût touché (1) » pour sa sœur, sur ce « prétexte que l'alliance et l'intérêt du sang lui devaient faire cacher (2), » se jeta dans un emportement de colère et de jalousie contre elle « qui eût été plus supportable à un amant qu'à un frère, » et rompit avec éclat. Condé fit moins de bruit mais ne « fut pas plus avantageusement persuadé de la conduite (3) » de Mme de Longueville. La Rochefoucauld, qui commençait à s'en lasser, n'en fut pas moins blessé dans sa vanité qui n'était pas petite, et il se vengea, comme on sait, dans ses Mé-

---

(1) LA ROCHEFOUCAULD, *Mémoires*.

(2 et 3) Il y a lieu cependant de tenir compte de la haine de la Rochefoucauld pour Mme de Longueville et la maison de Condé, haine qui succéda à trop d'attachement. S'il est vrai que Condé parlât alors mal de sa sœur, cela ne dura pas ; plusieurs lettres de lui à Lenet, pour lequel il n'avait pas de secrets, écrites, il est vrai, quelques mois plus tard, sont pleines de tendresse pour elle et de reconnaissance pour son dévouement.

moires. Mme de Châtillon fut celle qui s'émut le
moins, et on ne trouve pas trace de troubles
dans ses relations avec Nemours, ce qui ne
peut s'expliquer que parce que, ne lui ayant
donné aucun droit sur elle, elle ne s'attribuait
aucun droit sur lui, et parce qu'elle savait bien
que l'infidèle n'ayant reçu que de l'espoir, re-
viendrait toujours à elle, comme il y revint en
effet.

Elle était restée à Paris, où elle passa tout
le commencement de l'hiver sans aller dans
le monde, quoique les réunions y fussent très-
nombreuses et brillantes. On y vivait comme
s'il n'y eût pas eu de guerre civile et que le
Roi eût été dans sa capitale. Le Luxembourg
et les Tuileries remplaçaient le Palais-Royal.
Mademoiselle occupait le charmant palais de
Catherine de Médicis; héritière, par sa mère,
de la fortune quasi royale de la branche de
Bourbon-Montpensier, elle la dépensait ma-
gnifiquement et réunissait autour d'elle tout
ce qu'il y avait, parmi les ennemis du cardinal,
de plus jeune, de plus gai, de plus élégant :

> A la cour de Mademoiselle
> La compagnie est toujours belle.

Le monarque anglais chaque jour
Y fait le mieux qu'il peut sa cour (1).

C'est là que Mme de Châtillon fit connais-
sance avec ce souverain, pour le moment dé-
trôné, dans l'âme duquel elle allait jeter un
trouble si profond.

Quand son deuil fut passé, elle voulut prendre sa part des plaisirs des Tuileries ; mais
elle avait eu jusque-là peu de relations avec
Mademoiselle, parce que celle-ci et la Princesse
douairière de Condé ne s'aimaient pas. « Elle
chargea, dit Mademoiselle, la marquise de Mouy
de savoir si je trouverais bon qu'elle me fît sa
cour avec assiduité ! Comme c'est une personne de grande qualité, fort belle et de bonne
compagnie, j'en fut fort aise. Je croyais qu'elle
le désirait par le cas qu'elle faisait de moi, et
je pense aussi qu'elle était bien aise d'être de
quelques parties, parce qu'on s'ennuye bien
quand on n'est de rien. M. de Nemours était
de ses adorateurs le plus considérable, et
comme il était à Bordeaux, elle n'en avait point.
En sorte que je crois que cela l'ennuyait fort,

(1) LORET, *Muse historique.*

et qu'elle était persuadée que le roi d'Angleterre ne lui échapperait pas aisément quand elle voudrait. » Il ne lui échappa pas en effet, et la princesse n'en sut pas meilleur gré à l'une ni à l'autre.

A partir de ce moment ces deux dames furent en relations continuelles, et Mademoiselle parle souvent de Mme de Châtillon dans ses Mémoires. Elle s'en montre visiblement très préoccupée et fort aigrement; car son goût pour elle ne dura pas longtemps, et elle ne tarda pas à la détester, comme frondeuse et comme femme. Comme frondeuse, nous allons voir tout à l'heure pourquoi; comme femme, Mademoiselle était du même âge que Mme de Châtillon, grande, bien faite; elle était assez belle, hors qu'elle avait le nez trop long et le teint un peu brouillé. Elle était fort glorieuse et n'entendait pas la plaisanterie sur sa qualité ni sur sa vertu; en sorte qu'elle eût fait un fort mauvais parti à celui qui, n'étant empereur ou roi, eût voulu lui dire « des douceurs » ou prendre des airs d'amoureux. Mais elle aimait bien qu'on l'entourât d'une respectueuse ad-

6

miration, et qu'on parût mettre au-dessus de
toute chose l'honneur de mériter son approbation. Or, elle ne pouvait se dissimuler que partout où se trouvait Mme de Châtillon, celle-ci
exerçait un tel pouvoir d'attraction, qu'on n'y
pensait plus qu'à elle, et qu'il ne restait pour
la princesse du sang que de beaux saluts et
de profonds respects.

Elle en était fort agacée, aussi ses Mémoires, que nous allons citer souvent, sont-ils
pour Mme de Châtillon ceux d'une ennemie;
mais d'une ennemie qui se respecte, qui met
en lumière, et même exagère les défauts et
les mésaventures de celle qu'elle n'aime pas,
sans aller jusqu'à la calomnie et l'en défendant
même au besoin. Ainsi Mademoiselle verra volontiers dans tous les actes de Mme de Châtillon, de l'affectation, de la coquetterie, de l'avarice, de l'intrigue, de l'ambition; mais elle
n'accepte pas les propos d'antichambre qui
sont les sources favorites d'un Bussy et de ses
pareils.

Mme de Châtillon fit sa rentrée dans le
monde à la fin de l'hiver de 1651; Nemours

passait justement à Paris. « Les nouvelles de
Paris sont bonnes, écrit Marigny (1), M. de
Nemours y arriva le 19 du mois passé, après
avoir couru fortune de se noyer en passant le
canal de Briare à la nage, de peur d'être pris
par les Mazarins qui étaient à ses trousses. Le
lendemain il mena le branle au Luxembourg. »
C'est à ce bal que Mme de Châtillon reparut.
« Elle s'y trouva la première fois qu'il y vint,
dit Mademoiselle, ajustée au dernier point, et
belle comme un ange ; ce qui fut d'autant plus
remarqué que, tout l'hiver, elle ne s'était point
habillée et n'était point sortie. »

L'on ne manqua pas de les observer curieu-
sement, et si l'on eût remarqué quelque chose
d'insolite dans leur attitude, Mademoiselle
n'eût pas manqué de nous le dire. On ne vit
rien, et partant on peut être assuré qu'ils s'é-
taient vus avant le bal. Nemours s'était jus-
tifié ou avait promis de ne plus pécher, et la
paix était faite. Suivant la Rochefoucauld,
Mme de Châtillon l'aurait alors obligé « de
rompre, par des circonstances très piquantes et
très publiques, tout le commerce qu'il avait

(1) Papiers de Lenet, lettre de Marigny du 2 février 1651.

alors avec Mme de Longueville. » Il semble
que l'auteur des *Maximes* se plaît ici à grossir
la déconvenue de son infidèle, qui est un
baume posé sur la blessure faite à son amour-
propre : Nemours et Mme de Longueville ne se
rencontrèrent plus en ce monde, puisque celle-
ci ne quitta pas Bordeaux avant la mort de
Nemours, et que celui-ci ne s'éloigna point de
Paris plus loin qu'Orléans et Bléneau. Tout ce
qu'il y eut, ce fut que lorsque, quelques mois
après, la nécessité de traiter se fut imposée,
Nemours suivit Mme de Châtillon dans le parti
de la paix, tandis que Mme de Longueville
resta dans celui de la guerre à outrance, toujours parce que, pour elle, la paix c'était la rentrée au domicile conjugal, et qu'elle craignait,
non sans raison, les mauvais traitements de
son mari.

Nemours, du reste, ne fit que passer à Paris :
il avait laissé en marche 7,000 hommes de
troupes qu'il amenait de Flandre ; il alla les
retrouver et fit sa jonction avec Beaufort dans
l'Orléanais. Mais continuons à passer les faits
de guerre ; tout le monde connaît le fameux
voyage de Condé qui traversa toute la France

incognito avec six cavaliers. On sait comment
il prit Montargis avec sa montre, suivant l'expression du temps, c'est-à-dire en signifiant
aux habitants qu'ils seraient pillés et tous pendus si, dans une heure, ils n'avaient ouvert
leurs portes ; comment, le lendemain, il mit
en déroute la moitié de l'armée royale au
combat de Bléneau, et comment, sans l'habileté de Turenne, il eût probablement fait la
cour prisonnière.

Dans ce combat, le duc de Nemours, après
avoir fait des prodiges de valeur, reçut un
coup de pistolet au travers du corps, et le bruit
courut que sa blessure était mortelle. A cette
occasion, Mme de Châtillon laissa voir un peu
plus clairement les sentiments de son cœur.
Mme de Nemours partit immédiatement pour
aller à Montargis, voir son mari qui y avait
été transporté, et aussitôt Mme de Châtillon
prétendit qu'elle voulait aller à Châtillon,
pour tâcher de défendre, le plus qu'elle pourrait, ses terres contre les dévastations des armées belligérantes. Il paraît que la duchesse
de Nemours n'avait pas de soupçons, car elle
offrit sa voiture et les deux dames voyagèrent.

ensemble. Mais, arrivée à Montargis, Mme de
Châtillon déclara que, de là, elle protégerait
son duché tout aussi efficacement, et qu'il serait imprudent à elle de s'aventurer au milieu
des gens de guerre, d'autant que l'armée des
Princes s'étant retirée à Montargis, Châtillon
se trouvait livré à l'armée royale.

Elle se mit donc au couvent des filles de
Sainte-Marie, d'où elle ne sortit que deux ou
trois fois ostensiblement ; mais tous les soirs,
seule, et la tête couverte d'une grande écharpe,
elle allait voir Nemours, « se croyant bien cachée, » quoique, suivant les officiers qui le ra-
contèrent à Mademoiselle, « il n'y avait pas
un soldat dans l'armée qui ne la reconnût. »
Notons ici que le « se croyant bien cachée »
est une malice de Mademoiselle ou des officiers. Toutes les femmes mettaient des échar-
pes sur leur tête pour sortir le soir. La blessure de Nemours était sérieuse, et ce n'est
pas seulement à lui, mais aussi à la duchesse
de Nemours que Mme de Châtillon allait ainsi
tenir compagnie. La duchesse aimait son mari,
elle était venue pour le soigner, elle passait
nécessairement les soirées auprès de lui, et elle

ne pouvait pas faire autre chose à Montargis :
où serait-elle allée ? Que Mme de Châtillon
s'intéressât plus à Nemours qu'à sa femme,
rien de plus croyable ; mais il n'a pu y avoir
de tête à tête suspect. Nemours guérit ; Condé
et Beaufort apprirent que les affaires allaient
mal au parlement où les frondeurs et les Mazarins gagnaient chaque jour du terrain, et les
trois princes reprirent ensemble le chemin de
Paris, laissant leur armée aux mains de généraux en qui ils se confiaient.

Une fois réunis à Paris, on ne pensa plus
qu'à mener de front les plaisirs et les intrigues politiques. Les plaisirs n'avaient jamais
le dessous. Toute cette aventureuse jeunesse
s'amusait comme si l'on eût été en pleine paix.
On dînait à l'heure où nous déjeunons, on
jouait ensuite aux quilles ou l'on dansait ; puis
on allait se promener aux Champs-Élysées,
dans l'allée qui suit la rivière, « au cours, » où
les équipages étaient si pressés qu'on pouvait
à peine circuler. On se visitait dans les carrosses, sortes de salons roulants, où l'on tenait
huit ou neuf ; les cavaliers caracolaient aux por-
tières, accablant les dames de compliments.

Cela dura tant que l'armée royale ne bloqua pas Paris ; on se promena ensuite à pied, dans la grande avenue des Tuileries, qui devint merveilleuse à voir pour la richesse des toilettes et des costumes. On rentrait souper ensuite, à l'heure de notre dîner, pour, après, aller à un bal ou à une comédie. Chacun donnait à son tour sa fête et sa collation ; mais personne aussi souvent ni aussi brillamment que Mademoiselle. Les revenus de cette princesse étaient énormes, nous l'avons dit ; ses dépenses les dépassaient de trois cent mille livres par an, ce qui équivaut à un million de notre temps. Elle avait la bande de violons la plus admirable du monde, et on dansait toute la journée chez elle des branles, des triolets et toutes les danses alors à la mode.

La galanterie allait toujours son train : Mme de Châtillon en était la reine, et on ne pouvait voir une suite plus brillante que la sienne. C'était Nemours, d'abord, puis le roi d'Angleterre, Charles II, si bien épris qu'il pensait à l'épouser ; lord Digby, comte de Bristol, un des plus importants personnages de l'émigration anglaise, et lord Craft, qui avait

aussi suivi son roi sur la terre d'exil. Condé
entourait sa cousine de prévenances, le duc de
Candale, le marquis de Cœuvres aspiraient à
lui plaire, « enfin, qui voudrait compter, il ne
finirait pas, » comme dit Mademoiselle, toujours de plus en plus aigrement, mais sans
croire que tout cela alla bien loin, quoique,
comme on sait, la belle duchesse ne se mît
pas beaucoup en peine de chasser tout ce monde
à coups de pierres.

Justement en ce moment où Mme de Châtillon semblait le plus absorbée par ses frivoles
plaisirs, le plus enivrée par ses triomphes
mondains, s'accomplit l'acte le plus considérable de sa vie politique. Précisément, parce
qu'elle était de ces femmes qui se sont vouées
elles-mêmes au culte de leur propre beauté, et
qui font leur grande affaire de la faire préva-
loir par leur suprême élégance, la guerre et la
politique la charmaient médiocrement ; comme
de plus elle était remplie d'esprit et de bon
sens, elle voyait les choses telles qu'elles
étaient, et il ne lui échappait pas que les affaires du parti allaient de mal en pis, et qu'il
courait à une perte certaine, parce que, d'un

bout à l'autre du royaume, tous ceux qui n'é-
taient pas trop engagés pour leur compte
étaient las de ces troubles désastreux.

La Fronde nous est connue par les mémoires de ses principaux acteurs. Ils nous ont raconté avec amour leurs intrigues, leurs cabales,
leurs coalitions, leurs manœuvres ingénieuses,
pour détruire leurs rivaux les uns par les autres. Pour eux, c'est là toute l'histoire de
France ; du public il n'est pas question. Pourtant c'est toujours lui qui décide en dernier
lieu, parce qu'il est à la fois le patient et le
plus fort, et que lorsqu'il souffre trop, une seule
de ses évolutions suffit à faire écrouler les
échafaudages politiques le plus savamment
agencés.

En ce moment la position du public n'était
plus tenable. Il était également atteint dans
ses sentiments moraux et dans ses intérêts
matériels. Il s'était d'abord intéressé tantôt
aux uns, tantôt aux autres ; puis il avait fini
par reconnaître que les uns et les autres n'a-
vaient qu'un but, le triomphe de leur vanité
et de leur ambition, et il avait pris tout le
monde en grippe, les frondeurs, les Princes,

les ministres. Avant tout il faut vivre, toucher les revenus, faire son commerce, ou se livrer à son travail ; rien de tout cela n'était possible dans la tourmente universelle.

On ne vivait pas mieux à la campagne qu'à la ville. Mme de Châtillon avait pu s'en assurer par ses yeux. A son voyage de Merlou, elle s'était rencontrée avec un certain marquis d'Allembon qui rançonnait tout le pays tant pour entretenir sa cavalerie que pour bien garnir sa bourse. Il avait déjà taxé à cent pistoles Mme de Châtillon, qui s'estimait fort heureuse d'en être quitte pour de l'argent, lorsqu'intervint Henri de Campion, l'auteur des Mémoires. Celui-ci, fier de prendre la défense « de la plus belle dame de son temps (1), » fit lâcher prise à Vallambon. Elle n'eut pas autant de bonheur dans son duché de Châtillon, qui, ayant été le théâtre du combat de Bléneau, avait été mis à feu et à sang, moins par le fait même de la bataille que par le séjour des gens de guerre des deux partis. Pourtant elle croyait pouvoir compter là sur un défenseur plus puissant que Campion. Mais Condé n'avait pu em-

(1) *Mémoires de Campion.*

pêcher les déprédations de ses troupes. La duchesse en fut irritée au point qu'elle déclarait
vouloir quitter le parti pour se faire mazarine.
Cette velléité ne dura pas longtemps, parce
que les mazarins passèrent à leur tour sur ses
terres et firent encore plus de mal que leurs
ennemis.

Les troupes des uns et des autres parcou-
raient ainsi successivement les plus riches provinces de France, saisissant les chevaux pour
leur service, les bestiaux et les grains pour leur
nourriture, et les blés verts pour celle des chevaux. Semblables à ces nuées de sauterelles
qui désolent l'Afrique à certaines époques, ils
ne laissaient rien après eux, et c'était un
axiome de stratégie, qu'une armée ne pouvait
plus passer là où elle avait campé une fois,
parce qu'elle y serait réduite à mourir de faim.
Ces bandes d'aventuriers, levés dans tous les
pays à prix d'argent qu'ils ne touchaient pas,
se dédommageaient par le vol et le pillage.
Le respect des églises ne préservait pas les
vases sacrés, et les filles et les femmes ne sau-
vaient leur honneur et un peu d'argent qu'en
se retirant dans les abbayes qui, étant forti-

fiées, n'eussent pu être prises sans un siège en règle. Aucune armée ne fit plus de mal que les troupes amenées par le duc de Lorraine au secours des Princes. « Cette armée venue en
« France, non pour combattre, mais seulement
« pour piller, donnait l'effroi partout où elle
« passait. Elle faisait des désolations et com-
« mettait des excès et des désordres incroya-
« bles. Et ce qui est étrange, c'est qu'ils ne
« rencontraient point d'hommes, soit paysan
« ou soldat, de quelque côté qu'il fût, qu'ils
« ne le tuassent et volaient tout (1). »

Les paysans, ne se voyant pas d'autres res-sources, avaient pris le parti de se faire voleurs de grand chemin. Ils y étaient autorisés de reste, car le parlement leur avait enjoint, par plusieurs arrêts, de courir sus aux Mazarins et à leurs fauteurs, et la cour, par réciprocité, les engageait, pour se montrer bons serviteurs du roi, à courir sus aux frondeurs. Comme tout le monde était ou pour ou contre Mazarin, ils couraient sus à tout le monde, ayant bien soin, pour éviter les récriminations dans l'ave-

---

(1) *Livre des choses mémorables de l'abbaye de Saint-Denis.*

nir, de ne faire quartier à personne. « Ils tuaient indifféremment tous les passagers (1). »

Ces horreurs ne troublaient d'ailleurs pas les chefs, et ne les empêchaient pas de mener joyeuse vie. Les officiers généraux, colonels et mestres de camp, emportaient à l'armée leur vaisselle d'argent, et leurs soupers étaient servis « avec la même propreté et la même délicatesse qu'on eût pu faire à Paris ; on y donnait de l'entremets et un fruit régulier (2.) » Au dessert on lisait le courrier pour se divertir : dans l'un et l'autre parti on ne manquait pas d'arrêter tous les courriers de la poste qu'on pouvait joindre. On faisait son profit des nouvelles politiques, on riait des poulets des dames et de leurs galants, on jetait au vent les lettres du commerce. A son voyage d'Orléans, Mademoiselle s'attendrissait bien un peu sur le sort des pauvres marchands dont on troublait ainsi les affaires ; mais finalement elle faisait comme les autres.

Les Parisiens n'étaient pas plus heureux que les *ruraux ;* toutes les scènes de 1649 se

(1) GOURVILLE, *Mémoires.*
(2) GOURVILLE, *Mémoires.*

reproduisaient. Le parlement et l'Hôtel de
ville faisaient un fracas terrible de leurs arrêts
contre les fermiers des impôts, on les saisis-
sait, on mettait garnison chez eux, on les
condamnait à la prison ; mais comme ils ne
pouvaient payer ce qu'ils ne touchaient pas, ils
s'enfuyaient et les rentiers ne recevaient rien,
ou presque rien (1). Personne ne payait son
terme, les marchands ne vendaient rien, les
ouvriers ne travaillaient pas. Ce fut bien pis
lorsque les armées furent autour de Paris, les
troupes du roi « à Chaillot et à Boulogne, et que
le Cours fut un pays frontière », comme disait
Marigny (2). Le religieux de Saint-Denis nous
apprend comment ces troupes se comportaient :
« Le roi n'ayant pas d'argent pour payer les
« soldats, le pillage leur fut permis. Ce qu'ils
« firent avec tant d'excès, que la postérité
« aura peine à croire ce que nous avons vu dans
« ces désolations publiques ; car leur violence
« fut si grande, qu'ils ont pillé, volé, enlevé
« publiquement filles et femmes, tué, brûlé
« et noyé, dépouillé et maltraité les prêtres

(1) *Registres de l'Hôtel de ville pendant la Fronde.*
(2) Lettre à Lenet.

« et les religieux passans. — Bien qu'ils eus-
« sent assez de bois commun pour se chauffer,
« ils ne voulaient néanmoins se servir que du
« bois des maisons qu'ils démolissaient (1). »
Et le religieux de Saint-Denis n'exagère rien : la
société parisienne fut consternée par l'enlève-
ment de plusieurs femmes de qualité et par la
mort de Mlle de Fouilloux qui fut obligée de
se jeter dans la rivière, où elle périt, pour
échapper à des soldats allemands (2.)

Autant en faisaient leurs adversaires, et les
registres de l'Hôtel de ville sont pleins des
arrêts rendus, pour empêcher le commerce des
objets de serrurerie, plomberie, etc., provenant
des maisons ruinées. Ils n'épargnaient pas
davantage les récoltes qu'ils fauchaient pour
les vendre à leur profit. Lorsque, sous prétexte
d'empêcher l'armée royale d'approcher, on eut
fait sauter les ponts autour de Paris, les soldats des Princes les remplacèrent par des
planches, sur lesquelles ils ne laissaient passer
les marchandises qu'en payant rançon, quand

(1) *Hist. mémorable de l'abbaye de Saint-Denis.*
(2) LORET, *Muse historique.*

ils ne les confisquaient pas tout à fait (1).
De son côté la cour, voulant à la fois toucher les droits d'entrée à Paris, et en priver
ses adversaires, avait établi des bureaux de
douane dans les villes qu'il fallait traverser,
et les Parisiens , ne voulant pas perdre ces
mêmes droits, en établissaient à leurs
barrières, si bien qu'il fallait payer deux ou
trois fois quand les marchandises arrivaient
jusqu'à Paris, ce qui était rare.

Le résultat était une telle augmentation du
prix du pain et des autres denrées, que personne ne savait comment se nourrir. Le parlement parlait de prendre des mesures; mais
il ne faisait rien. Dans le courant de juin, le
conseiller au parlement Prévost, un personnage important et qui avait été chargé de
l'administration des finances de la Fronde, prit
la parole pour dire en séance que « toutes ces
« remises étaient fâcheuses ; et cependant
« qu'il fallait vivre, et pour lui qu'il mourrait
« de faim. Le Cᵣ Bitault reprit cet emporte-
« ment, et dit qu'il ne lui était pas bien séant

(1) Voir les arrêts de l'Hôtel de ville pour en prohiber le
commerce.

« de se plaindre. Qu'outre les quarante mille
« livres de rente qu'on savait qu'il avait,
« si l'on voulait, on pouvait lui demander
« compte de plus de cent mille livres dont il
« était redevable des deniers qu'il avait maniés
« pendant la guerre de Paris. Prévost lui
« répartit qu'il était un imposteur. Il y eut
« quelques injures de part et d'autre qui n'a-
« boutirent qu'à divertir la compagnie sans
« rien faire (1.) »

Il était temps cependant de « travailler à l'af-
« faire des pauvres, dit encore l'abbé Viole (1),
« pour, en soulageant la misère, nous décharger
« du nombre et de la peine qu'on souffre, ne
« pouvant faire un pas qu'on n'en soit ac-
« cablé et que l'*on n'en rencontre de morts*. »
Le parlement se cotisa, on mit des impositions; alors il arriva ce que nous avons vu de
nos jours pendant le siège de Paris, les plus
impudents et les plus criards furent secourus;
ceux qui étaient habitués à vivre de leur
travail ou de leur petit revenu sans rien
demander à personne, souffrirent en si-

(1) Lettre de l'abbé Viole à Lenet, 23 juin 1652.
(2) *Ibid.*

lence une horrible misère. Une épidémie s'y
joignit : « C'était une fièvre tierce, qui se
« changeait en double tierce, et enfin reve-
« nait en tierce, avec une petite fièvre lente, »
quelque chose comme une fièvre typhoïde,
dont les ravages furent affreux. Chaque soir
on emportait, dans des charrettes, les morts
de l'Hôtel-Dieu, jetés sans cercueil les uns sur
les autres. Un soir le carrosse de Mademoiselle
accrocha une de ces charrettes ; elle n'eut que
le temps de se jeter à l'autre portière, de
« crainte que quelque pied ou quelque main
qui sortait ne lui donnassent par le nez ».

Tout le monde voyait bien que cela ne
pouvait continuer longtemps, et les hommes
éclairés commençaient fortement à incliner
vers la paix à tout prix, et la plus prompte.
Ce n'était pas le compte des meneurs et de ceux
qui étaient trop engagés. Ils se virent réduits
à soulever la populace ; mais, ainsi qu'il arrive
toujours, elle alla beaucoup plus loin qu'ils
n'eussent voulu. Ce ne fut plus que scènes
violentes. Aux séances du parlement et de la
ville, le palais se trouvait chaque fois entouré
d'une multitude furieuse. Plusieurs magistrats

furent massacrés, beaucoup battus, beaucoup rançonnés, les autres mouraient de peur. La plupart désertèrent les séances. Alors ce fut une émotion universelle : « Si l'on n'a bientôt nouvelles de la paix, ajoute l'abbé Viole, ou que l'on ne fasse quelque chose, sans doute ce sera un égorgement et un pillage ouvert. »

A Bordeaux, la seconde tête de l'insurrection, les choses n'allaient pas mieux. La guerre avait pris le même caractère d'atrocité, ainsi qu'on en peut juger par la lettre suivante de Lenet à Condé.

3 juillet 1653.

Depuis ma dernière à Votre Altesse, les ennemis ayant continué de brûler, nous avons commencé de le faire par une assez belle maison qu'avait le P^t Richon, en Graves. On continuera demain par celle de la Vie et Passac, et, si les ennemis ne se lassent pas, nous ne nous lasserons pas. M. de Marin est toujours à la Dauzac, avec quatre régiments d'infanterie et sa cavalerie. Il s'avisa, il y a deux jours, de faire couper les deux oreilles à

deux paysans qu'il trouva sciant des blés.
M. de Marchin fit tirer quatre soldats de qua-
torze qu'on lui avait pris prisonniers, leur fit
couper pareil nombre d'oreilles et les envoya
à ce lieutenant général avec une lettre en ces
termes : « Oreille pour oreille, feu pour feu.
Faisons, s'il vous plaît, la guerre en honnêtes
gens, et assurez-vous que nous vous damerons
le pion en toutes les violences que vous ferez. »

Naturellement les propriétaires de maisons
et d'oreilles ne tardèrent pas à désirer la fin
de la guerre. Le prince de Conti et Mme de
Longueville durent aussi s'allier à la populace. « On vous portera un placart, dit un
billet de Conti, qui vous fera voir de quelle
importance il est de chasser promptement ces
MM. du parlement (de Bordeaux), à l'exception des sept ou huit que vous savez. Il est
aussi tout à fait nécessaire, puisqu'il n'y a plus
rien à ménager avec le parlement, d'ordonner
dès aujourd'hui un quartier de rabais (1) pour
les artisans (2). »

Là aussi la multitude dépassa le but qu'a-

---

(1) Un terme de loyer.
(2) Billet du P. de Conti, portefeuilles de Lenet.

vaient prétendu lui marquer ceux qui la voulaient faire servir à leurs desseins, et tous ceux
que leur rang, leur fortune et leur éducation
désignaient à ses coups, se virent aussi menacés
d'être pillés et égorgés. Ainsi à Paris, comme
à Bordeaux, comme dans tout le royaume,
les désintéressés n'aspiraient plus qu'à sortir
du désordre; ils voulaient en finir. Si l'on
criait encore contre le Mazarin, si le parlement
affectait de rendre des arrêts contre lui, c'était
seulement par respect humain, disons le mot,
par peur d'être massacré : on le vit bien peu
de temps après.

Telle était la disposition des esprits lorsque
Mme de Châtillon entreprit de pousser Condé
à faire la paix. En ce moment celui-ci ne
savait que désirer. Il voyait sa position aussi
bien que qui que ce fût. Son âme fière et généreuse était révoltée des honteuses cabales
qui l'entouraient. Il s'en fût peu soucié s'il eût
eu une armée; mais la sienne s'était successivement réduite à cinq mille hommes. Il avait
voulu, à l'affaire de Saint-Denis, se servir des
milices parisiennes; et elles avaient lâché
pied au premier coup de fusil. On ne pouvait

plus penser à les faire sortir. Le duc de Lorraine venait bien d'arriver avec huit mille
hommes ; mais Condé n'avait aucune confiance en lui. La suite prouva qu'il ne se
trompait pas. Il fut donc d'autant plus heureux de trouver une ambassadrice à la bonne
foi et au dévouement de qui il pût se fier,
qu'il avait déjà fait une tentative de concilia-
tion par l'intermédiaire de l'ambitieux Chavigny et que celui-ci, mêlant ses intérêts
propres à la négociation, l'avait rendue impossible.

L'abandon de la nue propriété de Merlou,
dont elle avait la jouissance, témoigna à Mme
de Châtillon du plaisir qu'elle faisait au prince.
Il pouvait lui faire ce cadeau sans s'incom-
moder. En outre que Merlou, relativement
aux grands biens de sa maison, n'était qu'une
goutte d'eau dans la mer, il était plus âgé que
Mme de Châtillon et déjà valétudinaire. Il ne
pouvait espérer en jouir jamais. D'ailleurs,
qu'importait ce petit castel au seigneur de
Chantilly? La page des Mémoires de la Rochefoucauld où cela est raconté est trop intéressante pour l'histoire de notre duchesse ;

nous ne pouvons nous dispenser de la trans-
crire.

« Mme de Châtillon lui fit naître le désir de
la paix par des moyens plus agréables. Elle crut
qu'un si grand bien devait être l'ouvrage de sa
beauté ; et mêlant l'ambition avec le dessein
de faire une nouvelle conquête, elle voulut
en même temps triompher du cœur de M. le
Prince, et tirer de la cour tous les avantages
de la négociation. Ces raisons-là ne furent pas
les seules qui lui donnèrent ces pensées ; il y
avait un intérêt de vanité et de vengeance qui
y eut autant de part que le reste. L'émulation,
que la beauté et la galanterie produisent souvent parmi les dames, avait causé une aigreur
extrême entre Mme de Longueville et Mme de
Châtillon. Elles avaient longtemps caché
leurs sentiments ; mais enfin ils parurent avec
éclat de part et d'autre, et Mme de Châtillon
ne borna pas seulement sa victoire à obliger
M. de Nemours de rompre, par des circonstances très piquantes, et très publiques, tout
le commerce qu'il avait avec Mme de Longueville : elle voulut encore lui ôter la connais-
sance des affaires, et disposer seule de la con-

duite et des intérêts de M. le Prince. Le duc
de Nemours, qui avait beaucoup d'engagements
avec elle, approuva ce dessein, et crut que,
pouvant régler la conduite de Mme de Châtillon
envers M. le Prince, elle lui inspirerait les
sentiments qu'il lui voudrait donner ; et qu'ainsi
il disposerait de l'esprit de M. le Prince par
le pouvoir qu'il avait sur celui de Mme de
Châtillon. »

« Le duc de la Rochefoucauld, de son côté,
avait plus de part que personne à la confiance
de M. le Prince, et se trouvait en même temps
dans une liaison très étroite avec le duc de
Nemours et Mme de Châtillon. Il connaissait
l'irrésolution de M. le Prince pour la paix ; et
craignant, ce qui est arrivé depuis, que la ca-
bale des Espagnols et celle de Mme de Longueville ne se joignissent ensemble pour éloigner
M. le Prince de Paris, où il pouvait traiter
tous les jours sans leur participation, il crut
que le dessein de Mme de Châtillon pouvait
lever tous les obstacles de la paix ; et dans
cette pensée, il porta M. le Prince à s'engager
avec elle et à lui donner Merlou en propre. Il
la disposa aussi à ménager M. le Prince et

M. de Nemours, en sorte qu'elle les conservât
tous deux ; et fit approuver à M. de Nemours
cette liaison, qui ne devait pas lui être suspecte, puisqu'on voulait lui en rendre compte,
et ne s'en servir que pour lui donner la prin-
cipale part aux affaires. Cette machine étant
conduite et réglée par le duc de la Rochefoucauld , lui donnait la disposition presque entière de ce qui la composait. Et ainsi, ces quatre
personnes y trouvant également leur avantage,
elle eût eu sans doute à la fin le succès qu'il
s'était promis, si la fortune ne s'y fût opposée
par tant d'accidents qu'on ne peut éviter (1). »

La Rochefoucauld est un témoin digne de
foi ; il vivait, comme il le dit, dans l'intimité
de Condé, de Nemours et de Mme de Châtillon,

(1) Ce passage de la Rochefoucauld est confirmé par plusieurs lettres de Marigny, surtout par celle du 4 août. Les
premières négociations avaient été secrètes et n'étaient connues que de Condé, Nemours, Mme de Châtillon et la Rochefoucauld qui était plus en faveur que personne auprès
du Prince. Ils avaient envoyé à la cour, pour sonder le terrain, Gaucourt, un de leurs confidents. Lorsque Beaufort
apprit qu'on traitait à son insu, il fut si furieux que Condé
en fut très embarrassé. C'était lui qui était véritablement le
maître à Paris ; de plus il venait de se raccommoder avec
Retz. Nemours avait rétabli la concorde entre eux.

nous pouvons donc tirer de ses paroles toutes leurs conséquences. Il en résulte que Mme de Châtillon n'était pas la maîtresse de Condé avant cet arrangement, et que si Nemours y consentit, c'est que, dans sa conviction, il ne devait rien se passer ensuite de contraire aux intérêts de son amour. Et n'y a-t-il pas même lieu, à ce propos, de rapprocher les paroles de la Rochefoucauld « le duc de Nemours qui avait beaucoup d'engagements avec elle », de celles de Mme de Motteville qui rapporte les mêmes faits : « Cette belle veuve ne haïssait pas le duc de Nemours, cette conquête lui plaisait ; mais ayant toujours eu quelques prétentions sur les bonnes grâces de M. le Prince, etc. » Ne peut-on se demander si ces deux personnages, dont la dernière surtout est décidément hostile, eussent employé ces expressions modérées, s'ils eussent cru que les relations de Nemours et de Mme de Châtillon sortissent des bornes de la belle galanterie?

Quant aux appréciations, elles nous paraissent vraies, quoique formulées de ce ton acrimonieux envers tous qui est le propre de l'auteur des *Maximes*. Une femme de vingt-cinq ans et qui aimait à briller, devait nécessairement être flattée de se voir chargée d'une négociation aussi considérable. L'intérêt qu'elle y avait d'ailleurs nous est connu par une lettre de Bourguignet à Lenet et ses prétentions ne dénotent pas une bien grande ambition. Comme il s'agissait non seulement de la paix intérieure, mais encore d'une paix générale, dont le mariage de Louis XIV avec l'infante Marie-Thérèse, qui se réalisa depuis, était une condition, « la rose (Mme de Châtillon) prétendait à entrer chez la reine future, en s'accommodant avec la princesse Palatine qui avait la charge de surintendante de la maison, ou avec la maréchale de Guébriant qui devait être dame d'honneur, du consentement de la cour (1). » C'est-à-dire qu'elle désirait être autorisée à acheter la charge d'une de ces dames et non pas qu'on lui en fît don.

Mais demandait-elle cinquante mille écus comme l'insinue Mademoiselle : voilà ce qui n'est pas croyable. Le projet de traité donne la liste de toutes les prétentions en argent des gens du parti, et il n'y est pas question de

(1) 14 juin.

Mme de Châtillon. Or, les sommes portées sur
ce document ne représentaient pas le prix
pour lequel ces personnages voulaient se vendre, mais les restitutions qu'ils prétendaient
leur être dues légitimement. Les uns avaient,
ne recevant point d'argent, avancé sur leur
fortune personnelle ce qui était nécessaire
aux armées qu'ils commandaient, les autres
avaient eu leurs châteaux rasés, ou leurs charges et gouvernements donnés à d'autres ; d'autres encore, et en plus grand nombre, n'avaient
point touché depuis plusieurs années les ap-
pointements de leurs charges et commandements. Il n'y avait point de raison, si Mme de Châtillon avait réclamé une indemnité motivée
par la dévastation de son duché, pour ne la pas
mettre sur la liste. Il y a donc lieu de croire
que « tous ces avantages de la négociation »,
convoités par elle, se bornaient à une charge
de dame de la Reine, qui la mît de tous les
plaisirs comme de toutes les cérémonies, et à
la meilleure place pour déployer ses charmes,
ses atours et ses grâces. Une lettre de la Rochefoucauld à Lenet, qu'on trouvera plus loin,
vient encore à l'appui de cette opinion. Les

prétentions des frondeurs après les négociations rompues et renouées, y sont encore
une fois énumérées sans qu'il soit parlé de
Mme de Châtillon, bien qu'elle nous apprenne
ce que demandait Mme de Montbazon.

La lettre de Bourguignet citée plus haut
confirme le dire de la Rochefoucauld sur les
sentiments de Mme de Châtillon à l'égard de
Mme de Longueville : « 93 (?) m'a dit là-dessus
peste de M. Viole qui passe pour un fou, que
la rose se plaint de lui, qu'elle le croit tout à
Diane (1) *qui enrage* de n'avoir pas tant de
part à la paix. » Cependant il ne faut pas
prendre l'accessoire pour le principal. Sans
doute Mme de Châtillon était charmée de *voir
enrager* sa rivale; mais ce n'était qu'un incident agréable. Pour elle, comme pour Condé,
la Rochefoucauld, Nemours et tant d'autres, la
grande affaire était de conclure, le plus avan-
tàgeusement possible, une paix nécessaire, et
il ne faudrait pas, avec M. Cousin, ne voir là

(1) On a vu plus haut que la rose et Diane sont MM^{mes} de
Châtillon et de Longueville. Viole, l'ancien ami de Mme de
Châtillon, s'était séparé d'elle et tenait pour la guerre. Il
pressentait ce qui lui arriva quand la cour rentra à Paris.

qu'une vaste conspiration contre Mme de Longueville, quoiqu'à vrai dire celle-ci eût en ce moment de nombreux ennemis.

Sans être bien éloigné de nous associer à l'intérêt qu'inspire au charmant historien des belles dames de ce temps, cette princesse douée de tant de belles qualités, mais égarée par les emportements de la passion, il faut bien convenir qu'elle est plus à plaindre qu'à louer, et qu'elle n'a recueilli que ce qu'elle a semé. Elle avait poussé Condé à entreprendre la guerre, elle voulait qu'il la continuât à outrance, et cela pour n'être pas obligée de retourner avec son mari, dont elle craignait, comme nous l'avons dit, les mauvais traitements, parce qu'elle les avait mérités.

Elle savait ce qu'elle faisait lorsqu'à vingt-trois ans elle avait épousé, pour sa grande fortune et sa haute position, le duc de Longueville, veuf et beaucoup plus âgé qu'elle ; elle ne devait pas le quitter pour courir le monde avec la Rochefoucauld, et il est naturel que le duc de Longueville ne fût pas content d'être ainsi traité ; on ne saurait le lui reprocher sans injustice On n'a pas le droit non plus d'ac-

cuser Mlle de Longueville de sécheresse de
cœur, parce que, dans ses Mémoires, elle est
dure pour sa belle-mère. Elle ne pouvait pas
ne pas ressentir l'injure faite à son père et à
l'honneur du nom qu'elle portait. Nous savons
quelles raisons la Rochefoucauld et Mme de Châtillon avaient de se plaindre.

Entre celle-ci et Mme de Longueville, la
guerre était plus ancienne : dès le temps où
les poètes de l'hôtel de Rambouillet ne ri-
maient pas une strophe sans mettre en paral-
lèle Mlle de Bourbon et Mlle de Boutteville, ces
deux beautés s'étaient regardées d'un œil ja-
loux ; elles s'étaient en apparence réconciliées
lors de la prison des princes ; mais, depuis, l'une
poussant à la paix, l'autre à la guerre civile,
leur aigreur s'était renouvelée. Les hostilités
recommencèrent après l'aventure du voyage
de Montrond à Bordeaux. Mme de Longueville
s'était encore attiré bien des haines à Bordeaux : « J'ai vu par votre lettre du 1er de ce
mois, que 49 (Mme de Longueville) est une
dangereuse créature », écrivait Marigny à Lenet ; et en effet, ses relations .avec son frère,
Conti, devenant de plus en plus orageuses,

nombre de gens prenaient parti pour son frère,
comme Lenet. On couvrait les murs de Bordeaux de placards qui n'étaient point à son
honneur : « Je vous supplie, dit un de ses bil-
lets à Lenet, de vouloir retirer tout le plus
de ces placards que vous pourrez, et de les
faire brûler ; car il y a des sottises que je serai
bien aise qui n'aillent point à Paris. Je vous
en charge ; rendez-moi bon compte de cette affaire. » Quelles étaient ces sottises? On le
devine aisément, et il n'est point douteux
qu'on y parlât de sa vertu en termes moins
respectueux que M. Cousin. — Ce qui ne veut
pas dire que les faiseurs de placards disaient
vrai. Vrais ou faux, ces placards lui tenaient
fort au cœur : « On dit qu'on a encore mis
des placards cette nuit, dit un autre billet ; je
ne doute pas que vous ne le sachiez, et je ne
vous le mande pas pour vous l'apprendre ;
mais pour vous dire que je pense tout à fait
nécessaire qu'on fasse toute sorte d'efforts pour
découvrir et par conséquent punir les auteurs
de cette insolence. Je vous supplie d'en ima-
giner les moyens et de les ordonner aux personnes que vous jugerez les plus propres à

exécuter cette entreprise, et on m'a donné un plaisant avis là-dessus, qui est que c'est un domestique de Fors (1) qui les a appliqués. Je n'en ai parlé à personne, je ne le dis qu'à vous. » Elle ne pouvait s'adresser plus mal ; car personne ne lui était plus hostile que Lenet, comme le prouve la lettre citée plus haut.

La discorde n'était pas que là, elle était dans tout le parti, comme il arrive toujours quand les affaires vont mal. Les frondeurs étaient plus animés que jamais contre les Princes, ceux-ci et leurs partisans se querellaient entre eux ; on ne parlait que de s'égorger, et on ne s'en tenait pas aux paroles. Un jour Mᵐᵉ de Châtillon se signala en empêchant le duel du marquis de Laboulaye, un des principaux frondeurs, et du marquis de Choisy, un des plus considérables partisans des Princes. Ils étaient déjà l'épée à la main, au cimetière des Innocents ;

> Mais comme ils étaient en posture
> De se mettre en sépulture,
> La ravissante Châtillon

(1) Le marquis de Fors du Vigean était du parti de la cour.

Empêcha ce malheur étrange
En paraissant comme un bel ange
Qui venait de la part de Dieu,
En ce vaste et funeste lieu.
Ces deux messieurs d'humeur farouche
Ouïrent de sa belle bouche
Ces mots qui vinrent tout à point :
Messieurs, vous ne vous battrez point (1).

Elle les prit par la main et les mena chez
le duc d'Orléans qui les accorda. L'aventure fit
grand bruit; on parla beaucoup de Mme de Châtillon. Mais ce fut bien autre chose quand on
sut qu'elle était envoyée en ambassade à la
cour pour traiter de la paix.

Elle avait en effet un plein pouvoir de
M. le Prince pour faire son accommodement
avec la reine. Naturellement le besoin des négociations nécessita entre eux de longues et
fréquentes conférences. Il allait chez Mme de
Châtillon, « il y vint aussi souvent que M. de
Nemours. Il prit l'habitude d'y donner des
rendez-vous d'affaires, il y tint des conseils
de guerre; enfin, et comme il était occupé le
jour au parlement, tout cela avait lieu le soir,
et il restait jusqu'à une heure très avancée de

(1) LORET, *Muse historique*, mars 1652.

la nuit. Cela dura jusqu'à ce que le nombre des mécontents augmentant, on lui fit remarquer qu'il y avait péril à sortir si tard (1). »

Dans tout cela, les tête-à-tête étaient apparemment fort rares : le Prince ne marchait guère seul et sans officiers ; Mme de Châtillon se fût bien gardée de défendre sa porte pour s'enfermer avec lui ; il y avait cercle où venaient tour à tour les principaux meneurs du parti ; Nemours n'y manquait pas souvent, et les dames n'étaient probablement pas exclues, si ce n'est quand il devait y avoir conseil. Cependant une question délicate se présente ici : se passa-t-il entre Condé et son ambassadrice des choses dont il ne fut pas, suivant la convention, *rendu compte* au duc de Nemours ? Nous sommes obligés de répondre comme l'honnête Brantôme en pareille occasion : « Je n'en sais rien, car je ne y étais pas. » Mais toutes les probabilités sont pour la négative. D'abord Mlle de Montpensier le nie formellement, et ce n'est pas une faible autorité ; car, nous l'avons dit, plusieurs fois déjà, c'est une ennemie, une ennemie sachant non les bruits

(1) *Mémoires de Montpensier.*

qui couraient les carrefours, mais ce qui se chuchotait dans l'intimité, dont elle était une ennemie très aigrie en ce moment surtout. Outre que Mme de Châtillon avait l'air de lui enlever la direction de l'esprit du prince à laquelle elle avait de très grandes prétentions, Mademoiselle caressait toujours dans sa tête quelque projet de mariage. En ce moment elle en avait deux. Elle pensait à épouser Condé s'il perdait sa femme, ce que l'on croyait alors devoir arriver (1). Elle désirait aussi épouser le petit roi, et elle espérait que la reine serait trop heureuse de le lui donner, si le duc d'Orléans voulait se prononcer un peu plus énergiquement qu'il n'avait fait jusqu'alors. La guerre la charmait d'ailleurs beaucoup, pour le rôle de petite reine qu'elle lui donnait à Paris. Elle ne se sentait pas de joie de cavalcader suivie de ses « maréchales de camp, » les comtesses de Fiesque et de Frontenac, de passer les troupes en revue, de recevoir les honneurs militaires. L'intervention de Mme de Châ-

---

(1) De nombreuses lettres de ce moment-là, dans les cartons de Lenet, parlent de la maladie de Mme la Princesse. Les auteurs semblent désespérer de sa vie.

tillon, si elle eût réussi, ruinait ses plans d'avenir et sa grandeur présente.

Elle obéit donc à sa conscience en déclarant que « M. le Prince parlait de toutes ses affaires à Mme de Châtillon parce qu'il avait grande confiance en elle ; mais qu'il n'y avait pas d'amour dans tout cela. » « La suite l'a bien fait voir », ajoute-t-elle. Si de plus nous tenons compte des circonstances, nous trouverons difficilement le temps nécessaire au développement d'un roman amoureux, et le héros nous en paraît avoir été alors bien maléficié. M. le Prince arriva à Paris le 15 avril ; de là au combat de Saint-Antoine, le 1er juillet, il n'y a que deux mois et demi. Les négociations de Chavigny durèrent bien quinze jours ou trois semaines ; il ne reste donc pas deux mois, pendant lesquels Condé fut continuellement malade. Il avait rapporté de sa campagne une fièvre tierce, dont les accès l'obligeaient souvent de manquer les séances du parlement (1), et il sentait déjà les atteintes de ces coliques néphrétiques qui le rendirent bientôt presque impotent. Le 11 mai, à

(1) RETZ, MADEMOISELLE.

l'attaque de Saint-Denis, quand il descendit
de cheval, il pouvait à peine marcher, et
fut obligé de s'appuyer sur le bras du sous-
prieur de l'abbaye (1). Il tomba gravement
malade après le combat de Saint-Antoine (2).
Sans doute cette âme indomptable surmontait
la maladie quand il le fallait et dans les
grandes occasions ; mais n'est-il pas probable
qu'il avait ensuite besoin de repos, et que l'a-
mitié était alors mieux son fait que l'amour?

Quoi qu'il en soit, Mme de Châtillon alla
trouver la cour à Saint-Germain ; ses voyages
furent des triomphes ; on allait la voir partir
et revenir

> Accompagnée en bel arroi
> Des gens des princes et du Roi (3).

Elle fut reçue comme Minerve, dit Retz ; le cardinal était enchanté d'entrer en négociations :
c'était là où il excellait et où il perdait ses en-

(1) *Livre des choses mémorables de l'abbaye de Saint-
Denis.*

(2) Pendant toute cette période, les correspondants de
Lenet, comme Caillet, Vineuil, Viole, Marigny, ne parlent
que des saignées et des purgations de M. le Prince.

(3) LORET, *Muse historique.*

nemis. Il n'y eut pas de gracieusetés, de compliments, de promesse qu'il ne fît à la belle
ambassadrice, il acceptait tout ce qu'elle proposait ; on ne discutait plus que sur la forme.
Mme de Châtillon et les Princes ne doutaient pas
que la paix ne fût faite, et leurs ennemis, les
Frondeurs, le croyaient comme eux. Le 27 avril,
le cardinal de Retz faisait arrêter son carrosse
pour en faire part à un abbé de ses amis, en
ces termes peu apostoliques : « Nous sommes
f....., l'accommodement est fait, et sans nous ;
car ni Mme de Chevreuse, ni M. de Château-
neuf, ni moi, n'y avons aucune part (1). »

Il n'y avait rien de fait pourtant, Mazarin
n'avait l'intention de rien tenir. Comme il
savait parfaitement ce qui se passait à Paris,
il croyait son triomphe prochain ; il le croyait
même plus prochain qu'il n'était en effet, et
il n'avait l'intention que de gagner du temps.
Il gagna celui de pratiquer le duc de Lorraine,
et de lui persuader, l'argent aidant (2), de dé-

---

(1) *Mémoires de Conrart.*

(2) Quelques jours après, Scarron datait son épître à
Mme de Fiesque de « l'an que le Lorrain et sa gent s'en re-
tourna pour de l'argent. »

camper et de laisser M. le Prince seul, avec
ses cinq mille hommes en face de l'armée
royale qui en comptait douze mille. Aussitôt
Turenne attaqua Condé au faubourg Saint-
Antoine. Il prétendait l'entourer de ses troupes comme d'un fer à cheval et l'adossant aux
murs de Paris, dont on croyait bien que les
portes ne s'ouvriraient pas, le prendre là lui
et son armée.

Peu s'en fallut qu'il ne réussît; mais le
Prince déjoua ce plan par des miracles d'habileté, d'activité et d'intrépidité. Jamais, au
dire de ses ennemis même, il ne fut si prodi-
gieux sur un champ de bataille. Il trouva
moyen de faire face à tout avec sa petite
armée, et, profitant des moindres accidents
du terrain, de repousser toutes les attaques de
l'armée royale. On sait comment, au soir,
Mademoiselle parvint à faire tirer le canon de
la Bastille et ouvrir les portes.

Au fond l'insuccès des négociations ne changeait rien à la position de Condé. Jamais il n'eût
pu faire combattre l'armée de Lorraine, et il se
fût toujours trouvé, un peu plus tôt ou un peu
plus tard, avec ses cinq mille hommes, en face

des douze mille de Turenne, et abandonné des
Parisiens. Cependant, comme il était l'homme
le plus colère du monde, il commençait toujours par s'en prendre aux négociateurs de ce
dont il ne .pouvait accuser que lui-même. Ce
n'était pas leur faute en effet, s'il ne voulait
jamais modifier ses propositions qui revenaient
toujours, comme par le passé, à dire à la Reine :
Ou chassez le Mazarin, ou rendez-moi plus puissant que lui ; ce que Mazarin, qui était l'ar-
bitre, n'avait garde d'accepter. Cet entêtement
de Condé à ne rien céder fut une grande faute
politique ; c'est par là qu'il perdit sa cause,
parce que le parti de la paix, qui dominait
déjà, l'abandonna entièrement. Ceux qui la
composaient eussent préféré la paix, même
avec le Mazarin, à la continuation de la guerre ;
cependant leurs répugnances étaient encore
assez vives pour que le ministre ait cru devoir se résigner de nouveau à un simulacre
d'éloignement. Si Condé, en consentant à ra-
battre de ses prétentions, eût facilité les négociations, il pouvait traiter, rester à Paris, à
la cour, conservant tout son prestige, toute
son influence sur le public ; et peut-être la

Reine n'eût-elle pas osé faire revenir le cardinal. Le cours des choses eût pu être changé
totalement.

La première fois que le Prince avait vu
Chavigny, après son ambassade infructueuse,
il lui avait fait *une si furieuse mine* que le
pauvre homme en mourut peu de temps après
du saisissement. Il ne manqua pas dès qu'il aper-
çut Mme de Châtillon, après le combat, de lui
faire « les plus terribles yeux du monde » ;
mais elle était sans doute de meilleure com-
plexion que Chavigny, car elle en fut quitte
pour « penser s'évanouir » et demander un
verre d'eau. La journée avait été pénible pour
elle. Quoiqu'elle sentît bien qu'on affectait de
la considérer comme l'auteur de cette catas-
trophe, elle avait couru dès le commencement de
l'attaque rejoindre Mademoiselle au faubourg
Saint-Antoine. Elle tremblait pour Nemours,
pour Condé ; elle frémissait en voyant rap-
porter morts ou blessés tant de ses amis. Telle
était son anxiété qu'elle en avait oublié sa
toilette. Ce jour-là, elle n'était pas *ajustée au*
dernier point, et elle n'avait mis ni rouge,
ni blanc, suivant la mode qui ne voulait pas

qu'on fût brune. Il semble que cela ne lui soit
arrivé que cette fois en sa vie, et cela prouve
que son émotion était sincère. Mademoiselle
a tort de n'y voir que « des mines les plus ri-
dicules du monde, et dont on se serait bien
moqué si on eût été en humeur de cela ».

Mademoiselle, du reste, ne cache pas sa colère contre elle, et elle avoue naïvement
qu'elle fut *fort aise* de l'accueil que lui fit le
Prince. Elle ajoute : « Il lui marqua par sa
mine qu'il la méprisait fort. » En cela Mademoiselle a encore tort ; car la colère qui passe
vite n'est pas le mépris qui dure toujours, et
on le vit bientôt. Condé reconnut que sa cousine n'avait eu que de bonnes intentions ; il revint à elle. Et pourquoi lui en eût-il voulu de
l'avoir poussé à négocier ? n'avait-il pas négo-
cié avant ? ne négocia-t-il pas après, et toujours ?
« La négociation fut la maladie de ce parti-
là, » dit Retz. Mais Mademoiselle veut répondre à ce bruit mentionné plus haut que la
princesse de Condé, étant en danger de mort,
le Prince avait pensé à la remplacer par Mme de
Châtillon. Elle était Montmorency, comme sa
mère à lui ; il n'y avait donc pas mésalliance.

Si Mademoiselle en était offusquée, c'est qu'elle-même eût pris volontiers la succession de Claire-Clémence de Maillé-Brézé. Mais nous ne savons sur ce sujet rien que de très vague ; nous n'insisterons pas. La princesse guérit d'ailleurs et il n'en fut plus question.

A quelques jours de là, Mme de Châtillon fut cruellement frappée dans ses plus chères affections. Le duc de Nemours fut tué en duel par le duc de Beaufort. Les relations détaillées de ce duel sont nombreuses ; les causes premières en sont mal expliquées. Depuis quelques jours, Nemours était dans un singulier état d'agitation. Il voulait se battre avec Condé, il voulait se battre avec Beaufort, il maltraitait tous les officiers de l'armée. D'où venait cette irritation ? En l'absence de documents, il est aisé de le supposer. Il voyait depuis longtemps où allait le parti. Il était las de cette guerre où l'intrigue jouait un plus grand rôle que l'épée. Il avait été de compte à demi dans l'entreprise de Mme de Châtillon pour conclure la paix, et, pour faciliter les négociations, il avait renoncé à tous les avantages que M. le Prince lui devait faire obtenir par le traité (1). Il ne put pas ne pas être outré de se voir reprocher à lui et à Mme de Châtillon ce qui n'était arrivé que par l'entêtement et l'aveuglement des autres. La scène de l'Hôtel de ville n'était pas faite pour le calmer. Il vit avec indignation les chefs du parti des Princes, pour faire peur aux partisans de la paix qu'on traitait de Mazarins, parce qu'ils se fussent résignés au retour du cardinal pourvu qu'il leur rendît la tranquillité, soulever cette terrible lie de la populace dont ils voyaient bien qu'ils ne seraient plus maîtres après l'avoir mise en mouvement. Elle avait mis le feu à l'Hôtel de ville, égorgé des magistrats, et, ce qui est plus honteux, elle n'avait laissé échapper les autres qu'en se faisant donner de l'argent. Depuis lors elle se formait chaque jour en rassemblements menaçants, et Beaufort, pour la calmer, n'avait rien trouvé de mieux que de lui promettre le massacre des Mazarins (2).

Un fait signalé par Omer Talon et Conrart,

(1) LA ROCHEFOUCAULD, *Mémoires.*
(2) Lettre de l'abbé Viole à Lenet.

dans leurs Mémoires, fait voir à quel point la
population parisienne se sentait livrée à cette
bande de scélérats. Lors de la scène de l'Hôtel
de ville, la plupart des magistrats qui obtin-
rent, moyennant finance, d'avoir la vie sauve,
n'avaient point sur eux assez d'argent pour
payer leur rançon : on leur fit crédit, et ils ne
payèrent que le lendemain. Les égorgeurs allèrent tranquillement chez chacun d'eux toucher la somme pour laquelle il s'était engagé,
et pas un n'osa refuser, ni prétendre que cet
argent n'était pas dû légitimement, tant ils
étaient sûrs d'être massacrés sans être défendus.

Peut-être bien doit-on aussi chercher une
cause, et même la plus active de la mauvaise
humeur de Nemours, dans ce passage d'une
lettre de Marigny à Lenet : « Une femme de
qualité me vint dire que la personne qui gouvernait autrefois 47 et qui gouverne maintenant 36..... » 47 est Nemours ; 36, Condé ; la
personne, Mme de Châtillon. Le monde croyait
donc que celle-ci abandonnait Nemours pour
Condé ; Nemours a pu le craindre aussi, et il
a pu se faire qu'il fût jaloux, ce qui explique-
rait bien son projet de duel avec Condé, sa

rage contre tout le monde. Nul doute qu'il n'eût
tout abandonné, comme il le disait, pour se
retirer en Savoie, s'il n'eût été retenu par
son amour; mais il restait, se plaignait, et sa
plainte importunait ceux auxquels il était allié
malgré lui. Ceux-ci le faisaient passer pour
un Mazarin dont le traité était déjà fait.
Condé en était fatigué, Mademoiselle l'a-
vait en grippe, Beaufort ne parlait de lui
qu'en termes outrageants, et il est juste de
dire que Nemours le lui rendait bien. Ceci explique l'emportement avec lequel il prit une
question de préséance qui n'avait rien de bien
sérieux. Ce fut la goutte d'eau qui fit déborder le vase. Il s'agissait de savoir lequel de
Nemours ou de Beaufort précéderait l'autre
à la séance d'un conseil qu'on venait d'établir
pour diriger les affaires. Les autres membres
voulurent terminer le différend en décidant
qu'il n'y aurait pas de rang, et que chacun sié-
gerait suivant qu'il arriverait. Mais Nemours
était parti, il ne voulut rien entendre, et fit
appeler Beaufort par le marquis de Villars
pour se battre aux Tuileries avec l'épée et le
pistolet.

Le bruit s'en répandit immédiatement. Mmes de Montbazon, de Nemours, de Châtillon firent courir après le duc d'Orléans auquel il appartenait d'empêcher le combat ; mais cet étrange prince qui, tiré d'un côté par Retz et les siens, de l'autre par sa fille et Condé, ne savait auquel entendre, ni où donner de la tête, avait pris le parti de ne bouger pour quoi que ce fût, et de tout laisser aller au hasard du jour. Il ne pensa à remuer que quand tout fut fini. Sur le terrain où ils s'étaient rendus chacun avec quatre seconds, Beaufort, qui espérait éviter de se battre avec son beau-frère, tenta un accommodement ; Nemours était comme un furieux : « Ah ! coquin, répondit-il, il faut en mourir, » et il chargea, l'épée à la main, Beaufort, qu'il blessa au doigt ; puis immédiatement il déchargea sur lui son pistolet qui lui emporta une mèche de cheveux. Beaufort tira alors à bout portant, et la balle traversa le corps de Nemours, qui tomba mort. Deux des seconds de Beaufort, les comtes de Bury et de Ris, furent tués ; plusieurs des combattants reçurent des blessures dont ils guérirent.

Nemours était estimé, aimé et suivi ; sa mort fut encore un coup fatal pour le parti des Princes. Cependant ceux-ci ne se cachèrent pas beaucoup les uns les autres qu'ils ne s'en souciaient guère. Condé et Mademoiselle se rendirent aussitôt chez Mme de Nemours pour y porter leurs consolations. La pauvre femme était au désespoir, étendue sur son lit et pleurant toutes ses larmes ; un mot lamentable et qui parut grotesque, dit par Mme de Béthune, suffit à les faire prendre d'un fou rire. Puis ils se transportèrent chez l'archevêque de Reims, frère de Nemours ; les rires y recommencèrent, sous prétexte que les rideaux de son lit étaient trop fermés. « Ce fut le plus grand scandale du monde, » avoue Mademoiselle.

Pour Mme de Châtillon, aucune main amie ne nous fait savoir ce qu'elle éprouva. Elle resta quelques jours chez elle sans se montrer. Sa première visite fut pour Mme de Nemours, qui s'était retirée aux Filles de Sainte-Marie, dans la rue Saint-Antoine ; de là, elle alla aux Tuileries, chez Mademoiselle. Sa position était embarrassante. Si réellement Nemours était son amant, elle ne l'avouait pas, elle n'admettait

pas qu'il fût pour elle autre chose qu'un ami
dévoué, et elle ne voulait pas se poser en
veuve inconsolable. Allant faire une visite de
deuil, elle avait un habit noir uni et une
grande coiffe, comme un voile, qui la cachait
toute. Quand on lui parlait de Nemours, elle
parlait de Nemours, avec attendrissement et
soupirs ; quand on parlait d'autre chose, comme
firent Condé et le duc d'Orléans, elle parlait
d'autre chose « avec une mine douce et riante ; »
elle levait sa coiffe, sous laquelle elle était,
comme d'ordinaire, poudrée et avec des pen-
dants d'oreille ; « rien n'était plus ajusté, »
ajoute comme toujours Mademoiselle, qui voit
là « une farce qui dura une heure et réjouit
fort les spectateurs. » C'était pourtant la seule
attitude qui convînt. Si Mme de Châtillon eût
toujours souri, Mademoiselle l'eût accusée la
première d'être sans cœur ; si elle eût toujours
pleuré, Mademoiselle n'eût pas manqué de
dire qu'elle étalait son amour avec impudeur.

Cependant la crainte de compromettre la
correction de son attitude en cette triste circonstance ne la fit point abandonner la dé-
pouille mortelle de son ami, et ce fut à elle

que le pauvre Nemours dut d'être enterré avec les honneurs dus à sa qualité. L'archevêque de Paris avait de suite autorisé l'enterrement à l'église de Saint-André, paroisse du mort ; mais les Princes, qui, pour dissimuler au public les divisions intérieures de leur parti, affectaient une douleur qu'ils n'éprouvaient pas, voulurent faire préparer un service solennel et très pompeux. Alors le parti adverse, sous prétexte de dévotion, se prit à crier qu'il était odieux de voir rendre tant d'honneurs à un homme mort, après un crime comme le duel, sans avoir pu recevoir l'absolution. Le vieux Gondi, intimidé, déclara qu'il n'avait entendu autoriser qu'une inhumation sans cérémonies, et non un service solennel. Condé voulut lui imposer par son autorité, il n'obtint rien ; Chavigny et d'autres, en cherchant à le raisonner, n'eurent pas plus de succès. Madame de Châtillon se décida à y aller elle-même : « car, comme le bonhomme avait toujours aimé le beau sexe, on crut que cette vue le persuaderait plus que tous les discours des autres (1). » Et en effet, les beaux yeux de la duchesse, et son adresse

(1) CONRART, *Mémoires*.

aussi, sans doute, triomphèrent de toute résistance : Nemours fut enterré comme un prince.

La résistance des adversaires de la cour dura encore deux mois. Chaque jour la désertion affaiblissait leurs rangs; chaque jour l'horreur du désordre augmentait dans le public, parce que les excès de la populace devenaient de plus en plus inquiétants. Il n'y avait plus que deux chefs sérieux, Condé et Retz. Ils avaient pris à tâche de se rendre odieux mutuellement, par des flots de libelles, de placards, de calomnies que semaient leurs affidés, et ils avaient pleinement réussi. Condé surtout n'avait plus avec lui qu'une tourbe de repris de justice, ou de gens qui méritaient de l'être, et sa petite armée. Aux assemblées du parlement et de la ville, les orateurs inséraient bien dans leurs discours quelques phrases pour réclamer l'expulsion du Mazarin, sans lesquelles ils eussent été sûrs d'être écharpés en sortant; mais au fond du cœur, ils l'eussent vu revenir avec joie pourvu qu'ils eussent la paix en même temps. La cour sauva leur amour-propre par un départ simulé du cardinal. De ce jour, les Princes et les meneurs, la petite et la grande Fronde, furent abandonnés. Ils cherchèrent à traiter, on traîna en longueur les réponses à leurs propositions. La cour rentra à Paris sans condition, sans amnistie, sans rien qui pût la gêner, étonnée elle-même des facilités que rencontrait son omnipotence. Tant on était prêt à tout subir plutôt que de retomber dans les mains de la canaille!

Ce qui est singulier, ce sont les illusions que Mazarin parvint à entretenir chez les frondeurs jusqu'à ce que le roi fût dans la ville, sur les conditions qu'ils pensaient obtenir. Le 21 octobre, à l'heure même où le roi, qui avait couché la veille à Rueil, se préparait pour faire le soir son entrée à Paris, la Rochefoucauld écrivait encore à Lenet les clauses du traité qui allait être signé : S. A. R. rentrait dans toutes les places qu'elle avait eues; MM. de Montbazon et de Sully, dans leurs gouvernements; Mme de Montbazon avait un brevet pour une abbaye et les *petits chiens* pour son fils; M. de Beaufort avait cent mille livres; le gouverneur de la Bastille, quatre-vingt-dix mille pour céder sa place à qui il plairait au roi; enfin on accordait à M. le Prince les articles sur lesquels la négociation s'était rompue (1).

Les vainqueurs n'abusèrent pas. Il fut enjoint au parlement de ne plus s'occuper d'autre chose que de rendre la justice ; dix de ses membres furent exilés, c'étaient les plus turbulents. L'amnistie fut accordée à tous ceux qui voulurent la recevoir, c'est-à-dire avouer qu'ils avaient eu tort, renoncer à toutes leurs prétentions, et reconnaître l'autorité du roi et de ses ministres. Ceux qui s'y refusèrent comme le duc d'Orléans, Mademoiselle, Beaufort, la Rochefoucauld, Rohan, leurs amis les plus remuants, et plusieurs dames, dont Mme de Châtillon, furent envoyés dans leurs terres avec leurs serviteurs ; on fit des perquisitions dans les garnis pour déloger ces derniers. Il fut ordonné qu'on payerait ses loyers dorénavant, et ceci pensa causer un peu de trouble. Les *chamberlans*, comme on appelait les ouvriers qui, n'ayant point de boutique, travaillaient en chambre, prétendirent « qu'ils voyaient qu'on voulait épargner les bons bourgeois ; mais qu'on aurait affaire à eux, et firent de grandes me-

(1) Lettre de la Rochefoucauld du 21 octobre. Papiers de Lenet.

naces (1). » Il y eut aussi quelque bruit quand
l'on réorganisa la perception des impôts in-
directs ; une demi-douzaine de mutins furent
tués : « Le peuple murmure, écrit l'abbé Viole,
mais quel effet doit suivre ? rien du tout (2). »

Cela était vrai ; mais Condé ne le croyait
pas. Il était parti pour se mettre à la tête des
troupes espagnoles, heureux de quitter les intrigues de Paris, et plein d'illusions. « Pourvu
que vous puissiez gagner encore quelque temps,
écrit-il à son confident Lenet, les affaires chan-
geront de face. Il n'est pas possible que la
conduite qu'on a à la cour ne produise quelque
désordre, surtout au retour de Mazarin, pour
lequel on travaille, et qu'on veut à quelque
prix que ce soit, et préférablement à tout. »
Mais le Mazarin revint et on l'acclama ; ceux
qui avaient le plus crié contre lui l'applaudi-
rent le plus. Condé n'avait plus qu'une chance :
vaincre, avec les troupes espagnoles qu'il avait
vaincues à Rocroy et à Lens, ces mêmes troupes françaises avec lesquelles il avait remporté
ces victoires.

(1) Abbé Viole à Lenet, 24 octobre.
(2) Id., 24 novembre.

Dans ces mêmes papiers de Lenet, si souvent
cités déjà parce qu'ils sont si précieux pour
l'histoire de la Fronde et de ses principaux acteurs, une lettre de Mme de Châtillon nous fait
connaître les sentiments de cette amie dévouée
de Condé. C'est toujours la paix qu'elle veut ;
mais la liaison avec l'Espagne la déconcerte.
Elle n'en a pas encore pris son parti.

« Merlou, ce 4 janvier 1653.

« Il me semble que vous vous avisez quelquefois de vous plaindre quand même je fais
bien mon devoir de vous écrire. Mais c'est
présentement à moi à vous gronder un peu de
ce que vous faites si mal le vôtre ; car il y a
mille ans que je n'ai entendu parler de vous.
C'est-à-dire que vous n'avez pensé à moi ; car
je m'informe assez de vos nouvelles pour être
fort en peine du hasard où vous êtes à tout
moment, par les boutades et séditions de votre
peuple. Nous n'avons rien de ce côté ici qui
nous réjouisse davantage. On ne parle à la
cour que de traiter M. le Prince dans la dernière rigueur, particulièrement depuis qu'on a
intercepté des lettres qu'il a écrites en Espa-

9.

gne, où l'on dit qu'il y a des choses terribles
contre la France, et la dernière liaison avec
l'Espagne. Tout cela nous éloigne bien de l'espoir de la paix, ce qui m'afflige au dernier
point.

« Je ne sais si vous savez que votre vilain
M. de Guise ne m'a pas donné les gants que
vous avez eu la bonté de m'envoyer ; je vous
prie de lui en écrire et de me croire assurément
votre servante. »

A partir de ce moment, les aventures de la
duchesse de Châtillon sont un peu plus difficiles à coordonner, les auteurs de qui nous
les tenons, à titre d'anecdotes, n'ayant pas suffisamment mentionné les dates. Cependant un
peu d'attention suffit à établir l'ordre des faits
et à en faire ressortir le sens. Il est certain
d'abord que Mme de Châtillon refusa l'amnistie : elle crut que sa parenté avec la maison
de Condé, l'amitié, la reconnaissance lui en
faisaient un devoir ; et, du jour où Condé sortit
de Paris, jusqu'au jour où il y rentra, elle ne
songea pas un instant à l'abandonner. L'alliance espagnole lui déplaisait bien un peu,
comme on le voit par la lettre que nous venons

de citer; mais on ne jugeait pas alors les choses comme nous les jugeons aujourd'hui; il
faut bien le remarquer. On ne voyait pas Condé
à la tête des troupes d'Espagne, du même
œil dont nous verrions un général français
commander contre la France une armée prus-
sienne. L'on était trop habitué à voir les étrangers intervenir dans nos guerres civiles, pour
appuyer l'un ou l'autre parti. La guerre même
se faisait la plupart du temps avec des soldats
de louage. La moitié de l'armée des Princes s'é-
tait composée de troupes espagnoles et lorrai-
nes; la moitié de l'armée royale, de régiments
allemands et suisses. De plus, Condé avait em-
mené avec lui sa petite armée de Français. On
pouvait donc, si on le voulait bien, ne considérer ses actes que comme une continuation de
la guerre civile.

Mme de Châtillon resta au moins trois ans à
Merlou, sans venir à Paris, ce qui ne dut pas
être un mince sacrifice pour une mondaine élégante. Cependant elle y voyait bonne compagnie et voisinait avec les nombreux seigneurs
du pays; entre autres, lord Digby, depuis

comte de Bristol, officier général irlandais au
service de France et gouverneur de Pontoise,
et lord Crofts que nous avons déjà nommés
parmi les adorateurs de la duchesse. Le jeu de
quilles était un des divertissements de Merlou,
et l'on y jouait fort cher, s'il faut croire que
Digby y perdit vingt mille livres contre la belle
châtelaine. Celle-ci, d'ailleurs, ne manquait
pas de plus sérieuses distractions. Le roi d'Angleterre venait souvent voir Digby à Pontoise
et de là il allait à Merlou. Nous avons parlé de
sa passion pour Mme de Châtillon. Elle augmenta au point qu'il la voulut épouser, et les
choses allèrent assez loin, pour que celle-ci fît
demander à la reine si la cour la traiterait en
reine dans le cas où le mariage se réaliserait.
La reine répondit qu'il n'y avait pas de doute,
si la reine d'Angleterre consentait à cette
union. Ce fut là l'obstacle principal. Mais sur
cette aventure, nous ne saurions mieux faire
que de traduire la relation du comte de Clarendon, chancelier de l'échiquier, alors en France
à la suite des Stuarts, témoin digne de foi et
qui prit une part importante aux pourparlers

entre les intéressés. Voici comme il s'exprime
dans son *History of the rebellion* (1) :

« Il y avait à la cour de France, ou plutôt
dans la disgrâce de cette cour, une dame d'une
grande beauté, d'un abord gracieux et charmant, d'un esprit *et de manières* qui capti-
vaient tous ceux qui étaient admis à l'approcher. D'une très-noble extraction et alliée à
tout ce qu'il y a de plus haut après la famille
royale, elle était la veuve d'un duc portant un
nom illustre et qui était mort, dans les derniers troubles, en combattant pour le roi, laissant sa femme sans enfants (2) et dans tout
l'éclat de sa beauté. Le roi voyait souvent
cette dame avec l'estime et l'inclination dont
peu pouvaient se garantir, tant sa beauté et
son esprit méritaient les hommages qu'on lui
rendait.

« Le comte de Bristol (3), alors lieutenant général dans l'armée française, toujours enclin à
l'amour, et avec d'autant plus d'ardeur que ses

---

(1) Oxford, 1704, t. I, p. 414.
(2) L'enfant de Mme de Châtillon, n'ayant alors que trois
ans, n'était pas connu de Clarendon.
(3) Alors lord Digby.

entreprises lui paraissaient plus difficiles, s'é-
tait pris d'une grande passion pour elle et, pour
s'avancer auprès d'elle, lui communiquait les
secrets d'État qui intéressaient la sûreté de
cette dame et surtout celle du prince de Condé,
son cousin germain. Ces communications
étaient d'un grand prix pour l'un et pour l'autre. Cependant, malgré toutes les tentatives ro-
manesques qu'il faisait pour gagner son cœur,
et telles qu'elles n'eussent convenu à nul autre
qu'à lui qui était accoutumé à agir de la façon
du monde la plus extraordinaire, il ne put
obtenir le succès qu'il se proposait.

« Dans le même temps le lord Crofts fut
transporté de la même ambition, et quoiqu'il
ne jouât pas son rôle de la même manière que
l'autre, il ne manquait cependant pas d'art et
d'adresse pour s'avancer dans son entreprise,
et il savait supporter les refus avec plus de
tranquillité d'esprit et de soumission. Quand
les deux lords se furent confié l'un à l'autre
leur mutuelle infortune, ils convinrent géné-
reusement de mériter les faveurs de leur maîtresse par un service qui les en rendît dignes,
et ils lui proposèrent résolument de lui faire

épouser le roi. Ils savaient tous deux qu'il avait
du goût pour sa personne et ils poursuivirent
cette affaire auprès de Sa Majesté à l'aide de
leurs artifices. Ils mettaient en avant sa réputation de sagesse et de vertu qui égalaient sa
beauté, les amis qu'elle pourrait lui procurer
pour sa restauration, et quelques autres raisons
appropriées à leur dessein prévalurent si bien
dans l'esprit du roi, déjà disposé par l'estime toute particulière qu'il avait d'elle, qu'il
lui fit la proposition de l'épouser.

« Elle la reçut avec l'esprit et l'habileté qui
lui étaient naturels, déclarant qu'elle n'était
pas digne d'une grâce semblable, et l'enga-
geant à réserver ses affections pour une personne de condition plus égale à la sienne, et
plus capable de lui rendre service. Elle usa
dans ce refus de tous les arguments qui pouvaient l'engager à redoubler ses instances.

« Cependant ces lords, qui d'abord s'étaient
crus sûrs de parvenir à leur but, trouvèrent sur
leur chemin beaucoup d'obstacles. Ils apprirent que la reine n'y voudrait jamais consentir,
et que la cour de France voulait empêcher le
mariage, comme elle avait fait pour celui de

Mademoiselle. Ils ne purent persuader à la dame elle-même de se départir de sa dignité, et d'user de certains moyens qui eussent pu hâter la réussite. Le comte de Bristol, pour que la nouvelle n'en vînt pas à son ami, le chancelier de l'échiquier (1), par d'autres que par lui, lui en fit part franchement seulement comme une passion dont le roi était transporté au delà de toute idée, et il exalta la dame comme une personne qui cultiverait extraordinairement la nature du roi, et le rendrait bien plus habile à avancer sa fortune. C'est pourquoi, disait-il, il ne voulait pas dissuader Sa Majesté de suivre une si noble inclination, et il usa de nombreux arguments pour persuader au chancelier d'approuver le choix du roi.

« Mais, quand il trouva que celui-ci était si éloigné de vouloir lui prêter son concours, qu'il lui reprocha sa présomption de s'interposer dans une affaire si délicate et qui pouvait consommer la ruine du roi, il se résolut à ne pas poursuivre davantage son projet, et à laisser le roi suivre son sentiment naturel. Celui-ci, après de sérieuses réflexions sur sa situation, et avoir

(1) Clarendon lui-même.

conféré avec ses amis les plus dévoués, finit
par conclure que ce mariage ne lui serait pas
avantageux. Il se décida à abandonner les négociations commencées. Cependant les mêmes
personnes lui persuadèrent que c'était une générosité nécessaire d'aller dire à la dame un
dernier adieu. C'est pourquoi, après avoir pris
la permission de sa mère, il se détourna de son
chemin et alla lui rendre visite à sa maison.
Les deux lords firent là leurs derniers efforts,
et Sa Majesté, avec grande estime de la sagesse
et de la vertu de la dame, partit le lendemain (1) pour rejoindre sa famille et se rendre
en Flandres. Le bruit de cette station se répandit à Paris, et fit dire qu'il était marié
avec la dame. »

Ainsi finirent les amours du roi d'Angleterre
et de Mme de Châtillon, et nous n'ajouterons
rien au récit de lord Clarendon. Nous attire-
rons seulement l'attention sur ces mots répé-
tés de sagesse et de vertu, *virtue and wisdom,*
dont le chancelier de l'échiquier, homme d'une
haute moralité et connaissant bien la cour de
France, ne se serait pas servi certainement si,

(1) Fin de juin 1654.

à ses yeux, la liaison avec Nemours, eût terni
la réputation de Mme de Châtillon, et si les
relations avec Condé eussent paru suspectes.

Cependant celle-ci ne restait à Merlou que
parce qu'elle ne voulait pas prendre l'amnistie
qu'on lui eût donnée avec plaisir. La cour ne
la considérait pas pour cela comme une ennemie. Elle savait son dévouement à Condé
et son influence sur lui, influence telle que le
bruit courait toujours qu'il la voulait épouser
si Mme la Princesse finissait par mourir ; mais
on savait encore qu'elle ne désirait que la
paix, et le cardinal la voulait aussi. Condé
en effet faisait à la France une guerre très
inquiétante, parce que le succès n'était pas
toujours pour les armes françaises, et aussi
très désastreuse et qui coûtait fort cher. Les
finances étaient dans un état déplorable et Mazarin eût été heureux d'en finir. Il voyait dans
Mme de Châtillon une précieuse médiatrice,
aussi l'avait-il autorisée à rester à Merlou, quoique le lieu primitif de son exil eût été Châtillon (1), et il cherchait à la gagner par les

_____

(1) Lettre de Marigny à Lenet.

moyens dont il disposait. L'abbé Fouquet était chargé de cette négociation.

L'abbé Fouquet, frère du surintendant, était l'âme du cardinal, son confident le plus intime, son conseiller le plus influent avec Servien, et Ondedei, et l'exécuteur ordinaire de ses plans d'intrigues. Il avait passé, caché dans Paris, les derniers mois de la Fronde, où il avait fait de son mieux pour animer les uns contre les autres les chefs de la résistance et les perdre dans l'opinion publique. C'était lui qui apostait des crieurs à 17 sols par tête, aux portes du parlement pour réclamer la paix (1), et des porteurs de cocardes de papier pour rosser ceux qui avaient encore de la paille. « Il était en ce temps-là très-jeune, dit Retz, mais il avait déjà un je ne sais quel air d'emporté et de fou qui ne me revenait pas. Je crois qu'il peut être devenu depuis un habile homme ; mais, je vous assure que dans ce temps-là, il ne parlait que comme un écolier qui ne fût sorti que la veille du collége de Navarre. »

Mazarin ne pensait pas de même, et il avait une telle confiance en son agent, qu'il le laissait,

(1) Abbé Viole, lettre à Lenet.

la bride sur le col, maître de faire à peu près
ce qu'il voulait, et même d'exiler et d'empri-
sonner les gens qu'il jugeait dangereux. L'abbé
ne se faisait pas faute non seulement d'en user,
mais d'en abuser aux dépens de ceux dont il
avait personnellement à se plaindre. Un jour,
raconte Gourville, un visiteur vit, dans la Bastille, un lévrier, et demanda ce que ce chien
faisait là : je ne sais, répondit un prisonnier,
il aura mordu le chien de l'abbé Fouquet.

Retz avait du reste ses raisons pour ne pas
aimer l'abbé ; car celui-ci avait voulu un jour
le faire assassiner dans un dîner ; et, une autre fois, que l'étrange archevêque était allé,
suivant son usage, courir le guilledou, habillé
en parfait cavalier, avec un chapeau à plu-
mes, et un habit chamarré de broderies d'or (1),
l'abbé avait proposé à la reine de le faire
enlever, couper en morceaux, et saler sans
que personne sût ce qu'il était devenu. Enfin, comme ce violent personnage était encore
un grand amateur des dames, il avait trouvé
moyen de supplanter Retz dans le cœur de
Mlle de Chevreuse, qui « devint amoureuse

(1) GUY JOLI, *Mémoires.*

de lui jusqu'au point de l'épouser s'il avait voulu (1). » On disait même qu'à cette occasion, Retz avait parlé de faire donner des coups de bâton à l'abbé Fouquet. Retz le nie; mais l'abbé le crut et se vengea; c'est lui qui dirigea toute l'affaire de l'arrestation de Retz.

Ce négociateur ne fut pas longtemps en relations avec Mme de Châtillon sans devenir éperdument amoureux d'elle, et celle-ci, suivant son habitude, ne manqua pas d'attiser le feu par les procédés les plus attrayants; en ayant bien soin toutefois de ne pas s'engager elle-même plus qu'elle ne le voulait. C'était une précieuse conquête que celle d'un homme aussi puissant. Elle en avait besoin « pour sa sûreté et pour ses intérêts ». Pour sa sûreté, parce que, tout en servant d'intermédiaire entre le cardinal et Condé, elle était toujours sous le coup d'être considérée comme une alliée très-active de celui-ci. Quant à ses intérêts, il faut entendre par ce mot, suivant Mademoiselle, que l'abbé étant frère du surintendant « lui a beaucoup fait faire d'affaires, qu'elle a eu de l'argent, a acheté des meubles

(1) RETZ, *Mémoires.*

et des bijoux. » Il est juste d'ajouter que l'abbé, lorsqu'il fut brouillé avec elle, se vantait qu'elle « ne refusa aucun de ses cadeaux, soit en argent, soit en hardes ; » mais il faut aussi remarquer que Fouquet ne donnait pas de sa poche, mais de celle du cardinal, qui puisait aux coffres du roi, et qu'il était reçu à la cour d'accepter et de solliciter les largesses d'un premier ministre. Il est possible d'ailleurs que Mme de Châtillon se soit laissé offrir quelques bijoux, des objets d'art, ou de riches étoffes. Les dames acceptaient alors des présents dans des circonstances où elles ne le feraient plus aujourd'hui.

Quoi qu'il en soit, les négociations et les galanteries se prolongèrent jusqu'en 1655, sans qu'aucun des incidents en soit parvenu jusqu'à nous. Nous ne savons pas davantage pourquoi les pourparlers avec Condé furent rompus, ni pourquoi, à cette époque, Mme de Châtillon se révolta tout à coup contre Mazarin. L'abbé Fouquet, voyant qu'il était impossible de traiter avec Condé, voulut défaire son maître de ce dangereux adversaire par un procédé qui lui était naturel. Il envoya en Flan-

dre deux hommes, avec mission d'assassiner
le Prince. Ces honnêtes gens ne furent pas
heureux, car ils furent découverts, pris et
pendus, après avoir avoué à la question de
quelle part ils venaient. Condé ne voulut pas
être en reste avec ses ennemis, et rendant le
maître responsable des actes de son agent, il
dépêcha à son tour deux autres hommes pour
tuer Mazarin. Mais ils ne furent pas plus
heureux que leurs confrères ; ils le furent même
moins ; car les premiers n'avaient été que
pendus, ceux-ci furent roués vifs.

De fortune, l'un d'eux était frère, ou beau-
frère de Mme de Ricouffe, cette femme de
chambre de Mme de Châtillon, qui présidait à
ses savantes coiffures et lui disait ensuite, en
admirant son œuvre : mon Dieu, que vous fe-
riez une belle reine ! Voilà donc Mme de Châtillon impliquée dans une tentative d'assassinat sur la personne du cardinal ministre. On
se déchaîna beaucoup contre elle dans le
monde, mais diversement. Les anciens frondeurs l'accusaient d'avoir dénoncé les coupa-
bles, et d'avoir trahi Condé pour l'abbé Fouquet. Ainsi parlaient les amis de Mademoiselle.

A là cour, au contraire, on la disait complice du crime. « Mme de Châtillon, dit Mme de Mot-teville, fut accusée d'avoir voulu attaquer la vie du cardinal par d'autres armes que celles de ses yeux. Il y eut des hommes roués, pour avoir été convaincus de ce dessein, et il parut qu'elle y avait eu quelque petite part.

En réalité on parlait beaucoup, mais on ne savait rien que de très-vague, le ministre pré-férant sans doute tenir la chose secrète. Ce qu'on connut, ce fut que l'abbé de Cambiac, le même que nous avons vu à Châtillon en 1650 avec la princesse de Condé, et si fort dans les secrets de Mme de Châtillon, était « mêlé dans tout cela, de qui l'on dit que l'on trouva force lettres données à Mme de Châtillon et les ré-ponses. Ce fut Digby qui les prit et les mon-tra (1). » Mme de Châtillon ne se fut pas amusée à organiser par lettres un assassinat pour le dénoncer avant l'exécution. D'autre part, s'il se fût agi, dans ces lettres, de cet as-sassinat, ce ne serait pas *quelque petite part* qu'elle y eût eu, mais une entière.

Le public confondait deux choses différen-

(1) MADEMOISELLE DE MONTPENSIER, *Mémoires.*

tes : ce qu'établissaient probablement les lettres de Cambiac, c'était la redoutable conspiration ourdie par Mme de Châtillon pour relever en France le parti de Condé. Certes, ce n'était pas dans son intérêt à elle, et voilà qui répond à l'accusation de s'aimer trop pour être capable d'aimer les autres. Sans avoir accepté l'amnistie, elle recevait de la cour qui la voulait gagner toutes les faveurs qu'elle pouvait désirer. Elle n'avait qu'à demander cette amnistie, pour y être accueillie, choyée, pour y vivre de cette vie d'élégance et de plaisirs qu'elle aimait par-dessus-tout. Elle voulut tout risquer, son repos, sa fortune, sa liberté, pour, en fortifiant Condé, le mettre en état de contraindre le cardinal à subir ses conditions.

Voilà ce qu'elle avait fait : parmi ses adorateurs les plus ardents, était le maréchal d'Hocquincourt, celui qui s'était laissé surprendre à Bléneau et avait, une autre fois, été battu dans le midi. A son sens, il n'y avait de sa part aucune faute, et cela ne devait en rien diminuer son mérite. La cour pensait autrement, ne lui confiait pas les commandements auxquels il croyait avoir droit, et lui préférait

10

de beaucoup Turenne. Il en enrageait et s'en
prenait à l'influence de l'abbé Fouquet. Ces
deux céladons se rencontraient sans cesse à
Merlou, et le maréchal trouvait Fouquet fort
insolent d'oser avoir les mêmes prétentions que
lui. Il le haïssait cordialement, et celui-ci le
payait de retour. Mme de Châtillon sut habile-
ment mettre en jeu les passions de d'Hocquincourt. Elle excitait sa colère en lui faisant
voir l'injure qu'on faisait à sa valeur et à ses
services, et, en même temps elle le leurrait de
l'espoir qu'elle-même romprait avec l'abbé
Fouquet, qu'elle ne ménageait que parce que
cela était nécessaire. Elle fit si bien que d'Hocquincourt s'engagea dans le parti de Condé et
donna parole de lui livrer Ham et Péronne,
dont il était gouverneur.

La découverte de ce complot mit le cardinal aux champs. Il eût reçu là un coup terrible, car Ham et Péronne remis à Condé, c'était
la ligne de la Somme livrée à l'ennemi, c'é-
tait la guerre rapprochée à trente lieues de
Paris, et de là à ses portes; c'étaient de nouvelles nécessités d'hommes et d'argent alors
qu'on était réduit à faire banqueroute; c'était

peut-être un recommencement de la Fronde.
Les négociations par lesquelles Mazarin réus-
sit à parer le coup, nous sont connues, mais
on n'entrevoit que vaguement ce qui advint
de Mme de Châtillon. Il est bien pénible
de perdre ainsi la trace de son héroïne, précisément au moment de sa vie qui paraît le
plus plein d'aventures singulières ; mais l'histoire est l'histoire, et nous ne pouvons rien
dire de plus que ce que nous trouvons dans
les documents contemporains. Suivant Mademoiselle, elle fut obligée « de fuir, de se cacher
en beaucoup d'endroits ; puis elle alla à l'abbaye de Maubuisson. » Suivant Monglat (1)
et le président Hénault (2), elle fut arrêtée
par ordre du cardinal, et ces deux affirma-
tions sont très conciliables, car alors on enfer-
mait plus volontiers les dames dans un couvent qu'à la Bastille.

Comme on l'avait cherchée longtemps, ses
bons amis de cour n'avaient pas laisser échapper l'occasion d'en faire de mauvais contes :
« On dit que Mme de Châtillon est chez l'abbé

(1) *Mémoires de Montglat.*
(2) *Hist. de France.*

Fouquet, écrivait Mme de Sévigné à Bussy (1),
cela paraît plaisant à tout le monde. » Et en
effet, cela parut plaisant aussi à Bussy qui le
mit à profit pour son libelle en ayant bien soin
d'y joindre tout ce que put lui fournir son
imagination fertile et licencieuse. Le bruit
tomba lorsque la duchesse fut retrouvée, et
ailleurs que chez l'abbé. S'il en avait été autrement le scandale eût été tel que pas un des
écrivains du temps n'eût manqué de nous en
faire part. Il est possible qu'après s'être cachée
dans plusieurs châteaux du pays, elle se soit
retirée volontairement à Maubuisson, abbaye
de filles près Poissy et, par conséquent, peu
éloignée de Merlou, dont l'abbesse était une
fille du duc de Longueville. Trouvée là libre,
elle a pu y être gardée prisonnière ; mais elle
ne fut point transférée dans une prison d'État :
on nous l'aurait dit.

Cependant d'Hocquincourt s'était retiré à
Péronne ; on lui dépêcha le marquis de Bout-
teville, le marquis de Noailles, le maréchal de
Navailles ; Mme d'Hocquincourt vint à Paris ;

(1) Lettre du 25 novembre 1655.

on offrit au maréchal six cent mille livres et le gouvernement de Péronne pour son fils. Il réfléchit que les chances de la guerre sont incertaines, qu'il était ruiné si la cause de Condé ne triomphait pas, enfin que deux cent mille écus étaient bons à prendre; il les accepta. Mme de Châtillon fut mise en liberté par ce traité; mais probablement aussi obligée de prendre enfin l'amnistie, car peu de temps après nous la voyons des voyages de la cour.

Ces événements ne paraissent pas l'avoir beaucoup troublée, et elle ne renia pas pour cela ses anciens amis de la guerre civile. Mademoiselle, allant aux eaux de Forges, eut occasion de passer dans les environs de Paris et d'y séjourner un jour ou deux dans son château de Chilly. Beaucoup de personnes allèrent l'y voir; Mme de Châtillon fut du nombre. « Rien n'était plus pompeux qu'elle ce jour- « là; elle avait un habit de taffetas aurore, « bordé d'un cordonnet d'argent. Elle était « plus blanche et plus incarnate qu'on l'aie ja- « mais vue. Elle avait force diamants aux « oreilles, aux doigts et aux bras; elle était « dans une dernière magnificence. » Ce qui n'empêchait pas cette brillante société de la déchirer à belles dents et de prétendre qu'elle avait trahi le parti de Condé, quand au contraire elle seule lui avait été activement fidèle. Toutes les histoires « difficiles à débrouiller » que l'on contait là-dessus inspiraient à Mademoiselle une *grande pitié* pour la pauvre Mme de Châtillon, et elle admirait en « la voyant si belle qu'elle eût pu conserver tant de beauté, et de santé parmi de tels embarras ». Au fond un seul de ces propos chagrinait Mademoiselle : c'est qu'on disait toujours que le prince de Condé et le roi d'Angleterre, étaient de plus en plus épris et persistaient à vouloir épouser l'irrésistible veuve.

Il faut placer quelque temps après la plus désagréable aventure qui ait agité la vie de Mme de Châtillon. L'abbé Fouquet avait beaucoup fait l'empressé à lui rendre service dans ses dernières affaires. Elle s'en croyait tellement sûre qu'elle pensa pouvoir cacher chez lui la cassette qui contenait ses correspondances les plus secrètes. Les cassettes jouent un grand rôle dans l'histoire de ce temps-là. Jamais on ne vit à une autre époque une telle

passion d'écrire de belles lettres, lettres de
politique et lettres d'amour. On n'ourdissait
pas une trame contre le gouvernement, sans
en confier les détails au papier, en les accom-
pagnant de toutes les considérations propres à
mettre en relief la sagacité et la sûreté de vues
de l'auteur. Une dame ne laissait pas baiser le
bout de son doigt, sans écrire les beaux sentiments qui l'y avaient portée, et le galant ne
manquait pas d'en accuser réception par un billet qui exprimait ses transports, et réclamait
de nouvelles faveurs.

On gardait tout cela comme un trésor, et
les mémoires contemporains sont pleins d'histoires de lettres et de cassettes, qui rappellent
celle d'Orgon dans le *Tartufe* ou la fameuse
cassette du surintendant Fouquet. Richelieu
disait qu'avec trois lignes de l'écriture d'un
homme, il y avait de quoi le faire pendre; à
ce compte-là, la cassette de Mme de Châtillon
contenait de quoi faire rouer la moitié de
Paris. Aussi quand elle vit l'affaire de Péronne découverte, elle eut grand'peur qu'on ne
la saisît, et crut ne la pouvoir mieux mettre
en sûreté que chez l'abbé Fouquet : on n'irait

certainement pas la chercher chez le tout-
puissant confident du ministre. Malheureusement elle plaçait fort mal sa confiance, car
l'abbé ne se fit pas faute de montrer ce que
contenait le dépôt qu'il avait reçu, au cardinal
entre autres ; celui-ci, de son côté, ne paraît
pas s'être abstenu d'en faire usage ; car, quelques mois plus tard, comme il se trouvait dans
la voiture de Mlle de Montpensier, avec laquelle
il avait fait la paix, il lui fit voir les lettres
qu'elle-même avait écrites au prince de Condé
et que celui-ci transmettait à Mme de Châtillon, ce qui, comme on peut bien croire, n'a-
jouta pas à la bienveillance de Mademoiselle
pour le prince et son amie ; et c'était justement ce que voulait Mazarin.

Un beau jour les deux frères Fouquet se
prirent de querelle dans l'antichambre du
cardinal, parlant si haut que tout le monde
les entendait. « L'abbé (1) reprochait au su-
« rintendant d'avoir dépensé quinze millions
« à Vaux, qu'il donnait plus de pensions que
« le roi, et qu'il avait envoyé tantôt trois,
« tantôt quatre mille pistoles à des dames

_____
(1) *Mémoires de l'abbé de Choisy.*

« qu'il nommait tout haut. Le surintendant,
« piqué au vif, reprocha à l'abbé les dépenses
« excessives qu'il avait faites pour faire l'a-
« gréable auprès de Mme de Châtillon, et
« *fort inutilement.* » Ce fort inutilement est à
remarquer. C'est l'opinion du surintendant et
aussi celle du narrateur, l'abbé de Choisy,
qui, sans cela, n'eût pas laissé passer l'expression sans protester, et il était du monde, et très-bien informé de ce qui s'y passait.
C'était aussi l'opinion de la société où vivait Mme de Châtillon, et Mademoiselle le
confirme en ces termes : « Ce qui justifie
Mme de Châtillon, c'est que l'abbé Fouquet
s'est toujours plaint de ses cruautés, et qu'il
ne s'est jamais vanté d'en avoir eu les moindres faveurs » et cela « dans ses plus grandes
colères », alors qu'il « n'avait point l'intention
de la ménager et se vantait de lui avoir fait
accepter ses cadeaux ». Fut-il à son tour
piqué par les railleries de son frère; et, fort
du mauvais usage qu'il pouvait faire de la
cassette, voulut-il devenir trop entreprenant?
ou, tout simplement Mme de Châtillon sut-elle
qu'il montrait sa correspondance? Ce qui est

certain, c'est qu'un jour qu'elle le savait sorti,
elle s'en fut chez lui, demanda à entrer dans
son cabinet pour écrire, et là, prit tranquillement la cassette et l'emporta.

On ne saurait décrire la colère de l'abbé
Fouquet, lorsqu'il rentra chez lui et trouva
son talisman enlevé. Il ne fit qu'un bond chez
Mme de Châtillon, et là, rouge de colère, il
se mit à lui débiter tout ce que la rage peut
faire dire à un amoureux bafoué. Son emportement alla jusqu'au point qu'il cassa des
meubles et brisa un miroir. « Une Montmorency, et veuve d'un Coligny, maltraitée par
un Fouquet! s'écrie Mademoiselle indignée,
— mais enchantée, — qui aurait dit cela à
l'amiral, il ne l'aurait pas cru. Il n'était nulle
mention de ce nom-là de son temps. » Mme de
Châtillon n'en pensa pas moins, sans doute.
Elle avait une maison princièrement montée,
pages, écuyers, valets et laquais de toute
sorte; elle n'avait qu'un signe à faire et tout
ce monde se fût fait un plaisir de jeter
monsieur l'abbé par la fenêtre. Mais qu'eût dit
l'omnipotent cardinal? Ne lui eût-il pas été
trop facile de venger son favori en faisant

revivre la dernière affaire? Les correspondances saisies ne lui manquaient pas. Il n'a-
vait qu'à choisir pour faire enfermer la trop
charmante conspiratrice. Elle jugea plus pru-
dent de supporter l'injure, quitte à se venger
plus tard si elle le pouvait.

Le coupable, du reste, se punissait lui-
même. Il avait perdu la cassette, mais non
son amour. Il était furieux, non guéri. C'est
pourquoi il eût voulu faire la paix ; mais la
duchesse n'y voulut pas entendre ; elle avait
pris cet homme en horreur, moins peut-être
pour son emportement passager que pour les
motifs qui l'avaient portée à reprendre ses
papiers. Il en résulta souvent pour elle des
situations désagréables, parce qu'elle le rencontrait partout où elle allait. Mademoiselle
nous en raconte deux scènes. Un soir, c'était
à la foire Saint-Germain, où le beau monde se
réunissait pour courir les boutiques, et jouer
à des jeux de hasard, toutes les belles choses
qu'y exposaient les marchands. L'abbé se
rencontra deux fois dans la même boutique
avec la duchesse, et chaque fois, celle-ci fei-
gnit d'avoir froid au visage et fut obligée de

mettre son masque pour cacher son embarras.

Une autre fois, ce fut au couvent de la Miséricorde ; Mme de Châtillon y était allée avec Mme de Brienne, voir une pensionnaire. Mme Fouquet y vint avec son fils l'abbé. Ah! ma bonne, s'écria Mme de Châtillon, cet homme devant moi? — Songez que vous êtes chrétienne, qu'il faut tout mettre aux pieds de Jésus-Christ! — Au nom de Jésus, regardez-le en pitié, disaient ensemble Mme de Brienne et la mère de la Miséricorde. — Madame, suppliait la bonne femme Mme Fouquet, souffrez que mon fils ait l'honneur de vous hanter. On ne put la calmer, et il y avait au moins trois mois de l'affaire de la cassette! Le roi débarrassa enfin Mme de Châtillon de cette vue importune. En même temps qu'il fit arrêter le surintendant Fouquet, il ordonna à l'abbé de se retirer dans ses abbayes et de ne plus se montrer (1). Il est juste de mentionner un bruit rapporté par Mademoiselle à la suite de la scène du couvent de la Miséricorde; elle ajoute : « Depuis, l'abbé alla chez Mme de Châtillon ; elle ne voulait pas qu'on le sût, et

(1) *Mém. de Montglat.*

disait toujours qu'elle ne le verrait point, c'est pourquoi elle avait affecté toutes les façons qu'elle avait faites à la foire. » Ceci se réfute de soi-même. Si elle eût voulu voir l'abbé, elle n'eût rien dit et n'eût pas fait de scènes en public ; elle n'était pas si sotte. Et si elle le recevait en secret, c'est-à-dire sans témoins, on n'a pu le savoir sûrement.

Ici finit le roman d'intrigues et de galanteries de Mme de Châtillon. Elle avait vingt-huit ans. Elle resta à la cour, où ce qu'on avait dit d'elle ne semble pas lui avoir nui. Une ère nouvelle y commençait. La Fronde était bien finie ; Condé rentrait soumis, presque infirme, marchant avec peine, se tenant seulement à cheval pour commander dans les batailles. Mademoiselle promenait le Mazarin dans sa voiture, et lui déclarait qu'elle n'avait jamais eu « d'aversion pour lui. » Les anciens frondeurs grossissaient la suite du grand roi, et ne pensaient plus qu'à gagner ses bonnes grâces. Mme de Châtillon allait jouir des plaisirs de cette paix après laquelle elle avait tant soupiré, lorsqu'un coup cruel vint la frapper. L'unique enfant qu'elle avait eu de son ma-

riage avec le duc de Châtillon lui fut enlevé
tout à coup, à l'âge de huit ans.

Nous ne trouvons aucun détail sur cet évé-
nement; seulement ces quelques mots de la
comtesse de Maure : « C'est un grand dom-
mage encore de ce pauvre petit Châtillon,
écrit-elle le 23 novembre 1657 à Mme d'Éper-
non (1), voilà une terrible perte pour sa mère. »
Le lendemain elle écrit au maréchal d'Albret,
intime ami de la duchesse : « Nous avons
extrêmement plaint ce pauvre petit Châtillon.
C'est, comme vous le dites, un grand dom-
mage que de telles maisons soient éteintes,
je ne doute pas que Mme de Châtillon ne soit
fort affligée. » Et plus loin, pensant que la
mère hérite de l'enfant de toute la fortune de
la maison de Coligny, et devient ainsi un très
riche parti, elle ajoute : « Mais, Mme de Châtillon, qu'en dites-vous? Moi, je ne la connais
pas assez pour pouvoir en juger. Il me semble
seulement qu'il faudrait bien avoir envie de
laisser quelque chose de soi pour préférer cela
au bonheur de la condition où elle se trouve. »
— La condition de veuve, bien entendu, ce

(1) Lettres de la comtesse de Maure.

qui n'est pas précisément flatteur pour le comte de Maure.

Nous ne savons pas non plus combien de temps son deuil la retint éloignée du monde. Lorsqu'elle reparut, elle fut de nouveau reçue avec le même empressement. « Le don de la beauté et l'agrément qu'elle possédait au souverain degré, la rendait toujours aimable aux yeux de tous (1). » Les sociétés les plus brillantes et les plus polies se la disputaient. Elle s'était réconciliée tout de bon avec son ancienne ennemie, Mme de Longueville, et leurs relations paraissent être devenues assez intimes. Celle-ci écrivait à Mme de Sablé (2) : « Mme de Châtillon a fort envie que je vous la mène. Il y a fort longtemps, et c'est à moi qu'il a tenu qu'elle ne vous ait été revoir. » Et, dans la même lettre elle offre de « parler tout droit à Mme de Châtillon », si Mme de Sablé le veut, pour qu'elle *fasse entendre raison* à M. le Prince sur l'affaire du mariage de Mlle de Laval avec M. de Ventadour. D'où il suit que Mme de Châ-

---

(1) *Mém. de Motteville.*

(2) Papiers de Valant. Cette lettre et celle dont nous parlon plus bas ont été publiées par M. Cousin, appendice de Mme Sablé.

tillon régnait toujours à l'hôtel de Condé, et qu'elle avait gardé son influence sur ce prince.

Une autre lettre de Mme de Longueville nous montre que Mme de Châtillon avait assez l'oreille du roi, pour qu'il lui fît des confidences : « Je voudrais fort savoir ce que le roi a dit à Mme de Châtillon ; vous me le ferez bien entendre si vous voulez. Il faut toujours laisser mourir ces dits-là, mais il est bon de les savoir. »

Enfin, parmi les adorateurs de la duchesse, il s'en trouva, en 1664, un qui alla jusqu'au bout. Ce fut un prince souverain d'Allemagne, le duc de Mecklembourg-Schwerin (1). La duchesse d'Orléans nous donne de ce personnage un portrait assez disparate : « Bien élevé, appréciant fort bien les affaires ; mais, dans tout ce qu'il faisait, plus simple qu'un enfant de six ans. Il parlait fort bien, mais ses actions ne correspondaient nullement à ses paroles, et toute sa conduite était si pitoyable qu'on en riait dans toute la France. » Et elle nous cite deux de ses actes *si pitoyables*. Il aurait un jour dit à Louis XIV qu'il le trouvait grandi,

(1) Mme de Châtillon avait alors trente-huit ans.

quoiqu'il eût trente-cinq ans ; et une autre fois
qu'il lui trouvait bonne mine, mais moins
bonne qu'il ne l'avait lui-même qui lui ressem-
blait. Il est difficile de juger quelqu'un sur un
semblable portrait qui paraît celui d'un homme
d'esprit, mais rêveur et distrait. Au surplus
dans ce mariage, la couronne, le rang et les
honneurs de princesse souveraine durent être
probablement ce qui tenta Mme de Châtillon ;
mais elle ne paraît pas en avoir tiré les avantages qu'elle en attendait, et il se pourrait
fort bien que son rang ait contribué à l'éloigner de la cour où il la rendait embarrassante à
cause des questions d'étiquette. Saint-Simon
termine ainsi une note sur les Mémoires de
Dangeau où il relate ce mariage : « Elle ne put
néanmoins s'accrocher beaucoup à la cour et se
contenta de celle de Monsieur qui avait de l'a-
mitié pour elle (1). »

(1) Non-seulement il avait de l'amitié pour elle ; mais il
avait aussi la plus grande confiance en ses lumières pour
tout ce qui regardait la toilette. C'était, comme on sait, la
grande préoccupation de ce singulier prince, et, sur ce sujet, Mme de Châtillon avait la réputation d'être un oracle.
Aussi ne manquait-il jamais de prendre son avis ; le 1er novembre 1699, Madame écrivait à sa tante, l'électrice de
Hanovre : « Je profite de cette bonne occasion pour vous

D'où il ne faudrait pas conclure cependant que Mme de Châtillon fût disgraciée ; car un traité général des droits d'aides (1) nous apprend qu'en 1675, le roi lui accorda, par lettres patentes, la jouissance de la moitié du droit de péage de Pont-sur-Yonne, lequel était de huit sols six deniers par muid de vin. Et cette faveur, dont nous ignorons les motifs, n'était pas petite, car une notable partie des vins de Bourgogne n'avait point d'autre chemin pour venir à Paris. M. et Mme de Mecklembourg n'eurent pas d'enfants et finirent par se séparer ; on ne sait quand, ni pourquoi. Peut-être fut-ce lorsque le duc voulut quitter la France et parce que la duchesse ne le voulut pas. Mais cette séparation n'eut lieu que longtemps après le mariage, puisque l'on sait, par une lettre de Mme de Sévigné, que, vers la fin de 1678, c'est-

---

envoyer aussi les boutons de diamant du roi. Monsieur est bien fâché de ne pouvoir vous montrer lui-même comment on doit les mettre sur la robe ou sur les manches, et il s'est déjà consulté à ce sujet avec Mme de Meckelbourg, qui doit vous envoyer un modèle en papier pour vous le faire comprendre. » *Lettres à l'électrice de Hanovre*, traduction Roland.

(1) Par Lefebvre de Ballande, Paris, 1760.

à-dire neuf ans après, Mme de Mecklembourg, allant visiter ses États d'Allemagne, passa par l'armée de son frère, le maréchal de Luxembourg, où elle reçut les honneurs militaires dus aux têtes couronnées. « J'avais bien lu des princesses dans les armées, se faisant adorer et admirer de tous les princes, qui étaient autant d'amants ; mais je n'en avais jamais vu une qui, dans ce triomphe, s'avisât d'écrire à une ancienne amie (1). »

Elle avait alors quarante-cinq ans, elle en vécut encore vingt-cinq, se retirant peu à peu du monde pour lequel elle cessait d'être quelque chose. De nouvelles générations succédaient à la sienne, qu'elles ne comprenaient pas. Elles avaient peine à croire à ces fiers grands seigneurs et à ces audacieuses belles dames d'autrefois qui osaient tenir tête au roi et à ses ministres. Le roi lui-même n'aimait pas ce qui rappelait les années précaires de sa minorité, et il se faisait apporter, pour les détruire, les registres de l'hôtel de ville et du parlement pendant la Fronde. Tous ceux qui avaient traversé avec Mme de Châtillon

(1) Lettre à Bussy, 12 octobre 1678.

cette époque agitée disparaissaient successivement de la scène. Anne d'Autriche, Mazarin,
Beaufort, Charles II d'Angleterre, la Rochefoucauld, Mme de Montbazon, Mlle de Chevreuse
étaient morts ; Condé s'était retiré à Chantilly ;
Retz avait résigné son archevêché, et, devenu le
modèle des prêtres, payait sur ses économies
ses quatre millions de dettes. Mademoiselle,
qui déclarait si fièrement que l'amour n'osait
pas s'attaquer aux personnes de sa qualité,
avait, victime de Vénus, eût dit un ancien,
épousé un cadet de Gascogne, et vivait dans
la retraite et les pratiques de la plus haute
piété.

Mme de Chevreuse, Mme de Longueville, la
princesse Palatine, édifiaient autant le monde
par l'austérité de leur pénitence, qu'elles l'a-
vaient scandalisé par leurs intrigues et leurs
amours. Au milieu de toutes leurs folies, ces
belles pécheresses avaient conservé dans le
fond de leur cœur la foi qu'elles avaient puisée
dans les pieux couvents où s'était élevée leur
enfance. Mme de Châtillon fit comme elles et
devint dévote. Mais, comme son âme était plus
calme, sa religion aussi fut moins emportée.

Ce ne fut pas de ces grands élans vers Dieu, de ces grands sacrifices qui marquèrent les dernières années de Mme de Longueville. Elle donnait aux pauvres, mais sur ses revenus, et elle ne se défit pas de ses belles pierreries qu'elle avait tant aimées. Elle se fit peindre, pour l'hospice de Châtillon, dont elle s'occupait, en Madeleine repentante, mais non en Madeleine déguenillée. On y conserve encore ce portrait. C'est une Madeleine bien coiffée et à la dernière mode, avec une fine chemisette de batiste garnie de dentelles et un beau manteau de soie bleue ; une Madeleine enfin, *ajustée au dernier point*, comme eût encore dit Mademoiselle si elle l'eût vue. Mais ne peut-on pas bien se repentir, sans vouloir pour cela faire peur aux gens ?

Elle était encore belle alors. Hélas ! la beauté ni l'esprit ne préservent pas de la vieillesse. Malgré tous les efforts de l'art, les rides envahirent enfin ce beau visage dont la vue avait troublé tant de cœurs. L'âme vieillit aussi, quoi qu'on en dise, et les petits défauts deviennent des manies. Celle de la duchesse fut l'avarice. Elle avait, pendant le peu d'années qu'elle avait passées avec le duc de Châtillon, connu la gêne et les ennuis d'une grande fortune obérée, les criailleries des fournisseurs mal payés, les refus de crédit, les difficultés, sans cesse renaissantes, de se procurer l'argent nécessaire au train de la maison; veuve, elle ne voulut plus retomber dans ces embarras. Au milieu de ces grands seigneurs qui jetaient l'or par toutes les fenêtres, elle parut intéressée. Peut-être cet intérêt n'était-il alors que de l'ordre; mais il augmenta avec l'âge, et les bruits du monde, qui grossissent tout, en firent une avarice sordide. C'est ce qui lui valut cette oraison funèbre de Mme de Sévigné : « Ah! ne me parlez point de Mme de Meckelbourg; je la renonce. Comment peut-on, par rapport à Dieu et même à l'humanité, garder tant d'or, tant d'argent, tant de pierreries, au milieu de l'extrême misère des pauvres, dont on était accablé dans ces derniers temps? Mais comment peut-on vouloir paraître aux yeux du monde, ce monde dont on veut l'estime et l'approbation au delà du tombeau, comment veut-on lui paraître la plus avare personne du monde : avare pour les pauvres, avare pour

ses domestiques, auxquels elle ne laisse rien ;
avare pour elle-même, puisqu'elle se laissait
quasi mourir de faim ; et, en mourant, lorsqu'elle ne peut plus cacher cette horrible passion, paraître aux yeux du public l'avarice
même ? Ma chère Madame, je parlerais un an
sur ce sujet ; j'en veux à cette frénésie de l'esprit humain, et c'est m'offenser que d'en user
comme vient de faire Mme de Meckelbourg.
Nous nous étions fort aimées autrefois, nous
nous appelions sœurs ; je la renonce, qu'on ne
m'en parle plus. »

Il est clair que la pétulante marquise exagère encore, pour faire de l'esprit, des contes
fort exagérés déjà. La duchesse donnait aux
pauvres ; car précisément le dernier autographe qu'on ait d'elle est un mot, écrit sur un
petit morceau de papier, et donné, sans doute
faute de monnaie, à une pauvresse pour aller
se faire remettre, par l'intendant du château
de Châtillon, trois livres qui représentent en-
viron dix francs de nos jours (1). Ce serait un
grand hasard que cette charité fût la seule ;

(1) Autographe conservé à Châtillon dans la collection de
M. Becquerel.

d'autant plus que l'hospice de Châtillon avait gardé son souvenir, comme celui d'une généreuse bienfaitrice. Qui croira qu'une femme dont la maison était grandement montée, qui avait de nombreux domestiques et qui les nourrissait, ait fait des économies sur sa nourriture à elle? Qu'est-ce que ce que peut manger une vieille femme sur une dépense comme celle-là? Elle ne laisse rien à ses domestiques ; mais en avait-elle d'anciens et dévoués, lorsqu'elle fit le testament par lequel elle laissait tout son bien à son neveu, le comte de Montmorency-Luxembourg? Savait-elle ceux qui seraient encore à son service quand elle mourrait? Et après avoir pourvu d'avance à ce que sa fortune eût la destination qu'elle voulait, ne se réservait-elle pas de faire des codicilles, lorsque le moment en serait venu, pour les choses de moindre importance?

Elle fut surprise par la maladie : ce fut ce que Saint-Simon appelle une *péripulmonie* (1), qui probablement ne parut pas grave en commençant et tourna ensuite tout à coup à la mort, sans qu'on s'y attendît, car elle ne put

(1) Saint-Simon, *Mémoires.*

recevoir « aucun secours spirituel ni presque
de corporels. » C'était en janvier 1695, elle
avait soixante-dix ans.

Un détail semble encore prouver que s'il
est juste d'accuser notre duchesse d'avoir été
intéressée et d'avoir mis une certaine âpreté
à l'augmentation de sa fortune, qui, au moment de sa mort, s'élevait à plus de quatre
millions de livres, douze ou quinze millions
de nos jours, c'est une grande exagération de
voir là une sordide avarice. Au temps de sa
jeunesse et de sa beauté, nous l'avons vu, elle
avait aimé de passion le luxe et la toilette,
ce qui n'est pas le faible des avares; plus tard,
comme elle avait toujours eu le goût des belles
choses, ce goût, avec l'âge, dégénéra en une
autre passion : elle devint une collectionneuse
renommée, une *curieuse*, comme on disait.
C'est Abraham du Pradel qui nous l'apprend
dans son *Livre commode, almanach pour* 1692,
contenant les adresses de la ville de Paris, et
les renseignements utiles aux étrangers qui
y venaient. Alors, comme aujourd'hui, *la curiosité* comprenait les tableaux, les meubles
anciens et de Chine, la porcelaine, les cris-

taux, les bijoux rares. C'est toujours du Pradel qui nous le dit, et il nous donne la liste des *fameux curieux des ouvrages magnifiques* dont les hôtels méritaient d'être visités par les voyageurs. La liste des dames est de vingt-cinq, et la collection de Mme de Meckelbourg, demeurant rue Saint-Honoré, près Saint-Roch, est citée la cinquième. Toutes ces *curieuses* étaient du nombre des plus grandes dames de France, et, d'après ce que nous savons du luxe du temps, on peut bien penser qu'elles ne classaient pas comme *ouvrages magnifiques* des objets sans valeur. La collection de Mme de Meckelbourg qui, au dire de Mme de Sévigné (1), renfermait tant de beaux meubles et de bijoux précieux, a donc dû, pour être comptée parmi les premières, être d'une très grande richesse ; elle coûtait nécessairement des sommes très considérables à celle qui la possédait. Comment concilier cela avec une extrême avarice ?

(1) Lettre citée plus haut.

FIN

Typographie Firmin-Didot. — Mesnil (Eure).

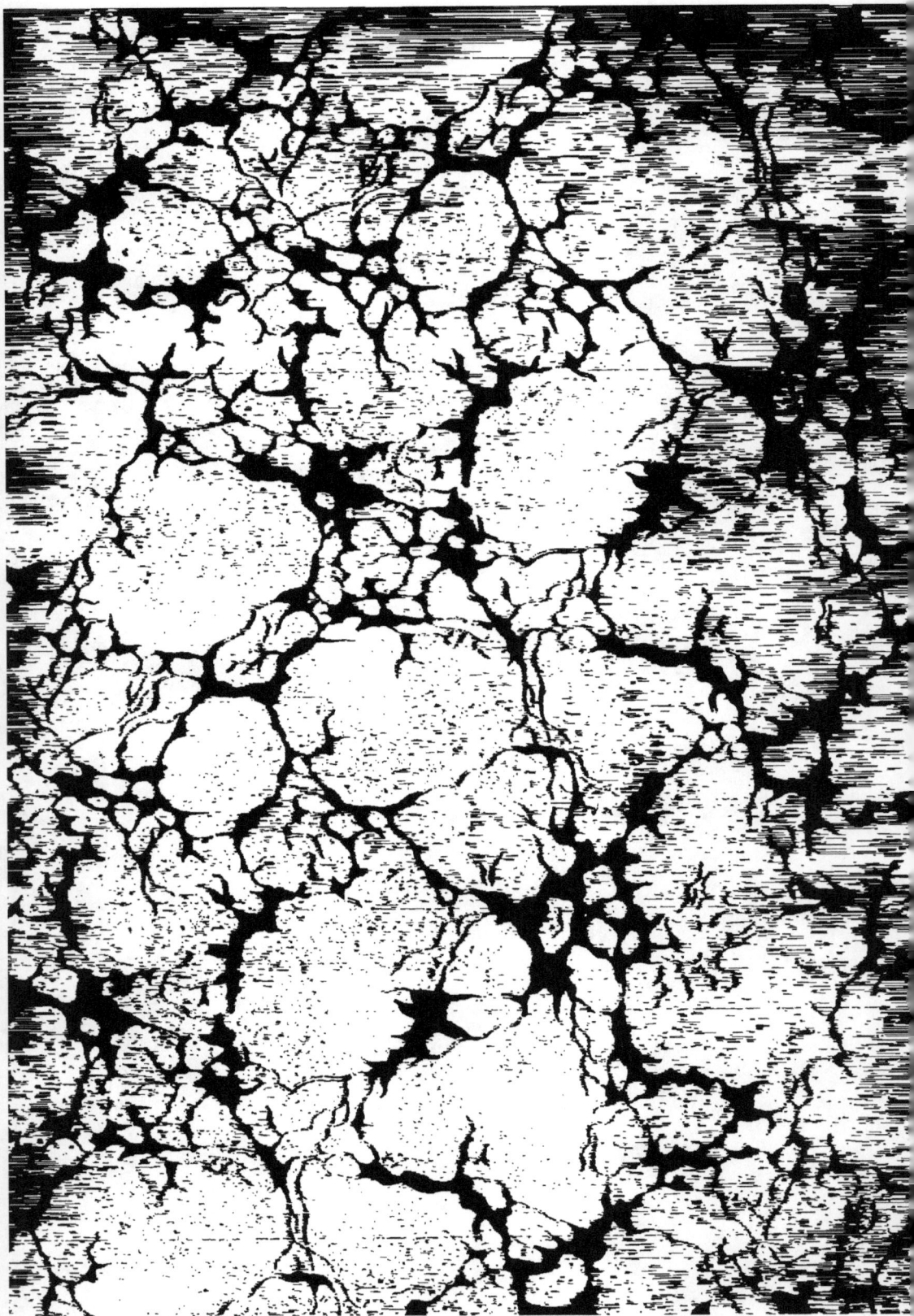

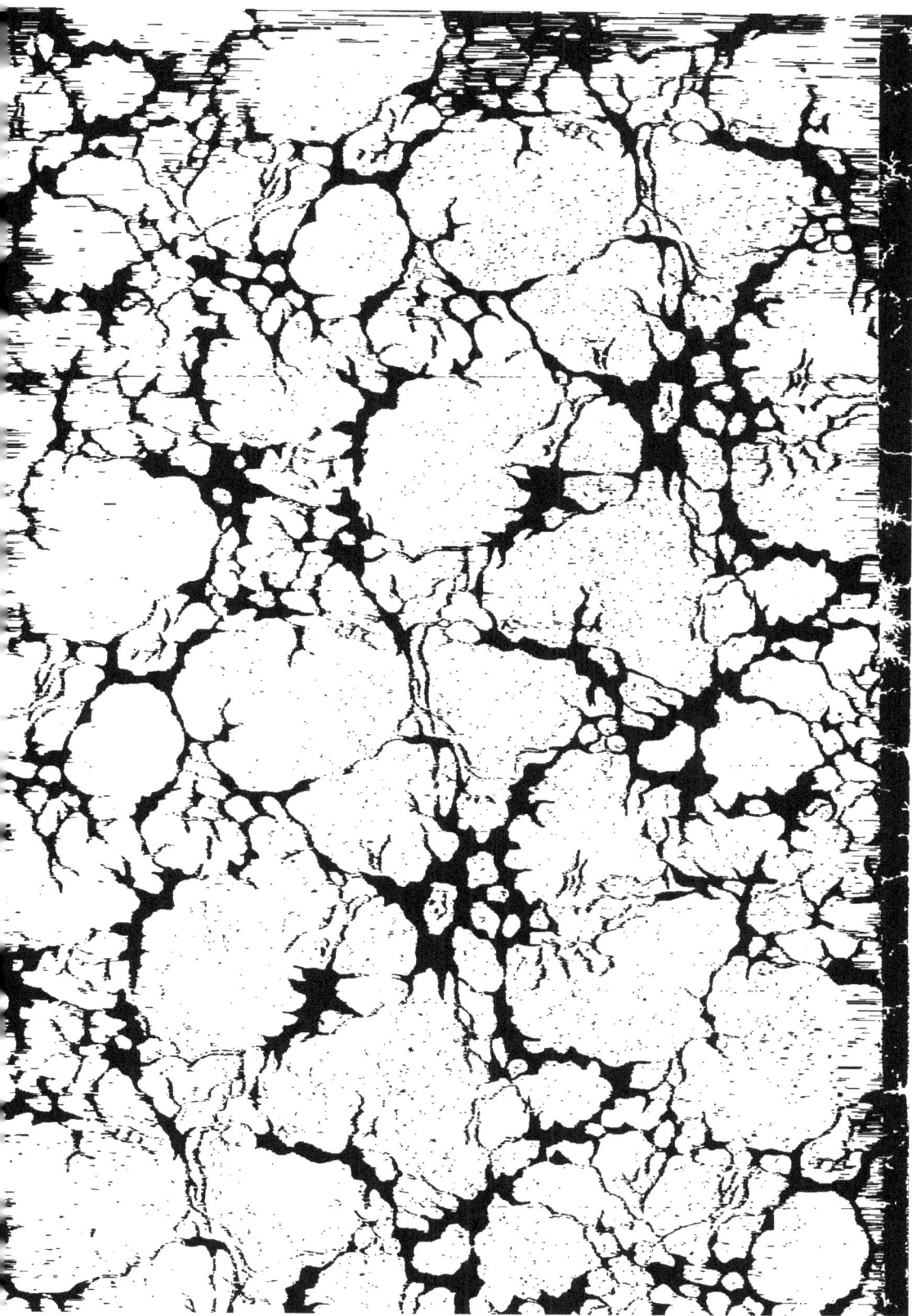

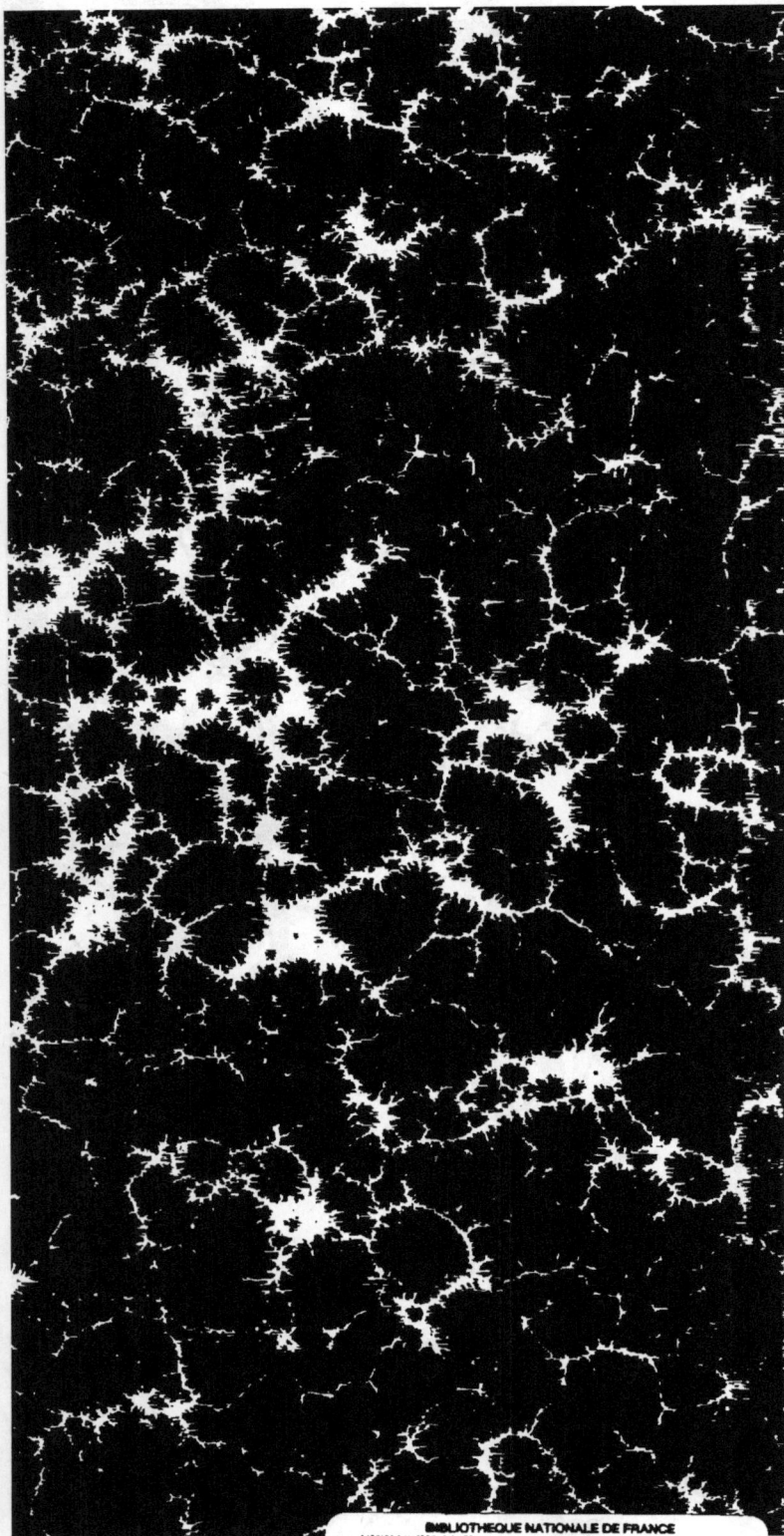